私の忘れられない
論文風3物語

福永幸雄
FUKUNAGA Yukio

文芸社

まえがきにかえて

　本書は、中小企業診断士や社会保険労務士として活躍してきた著者が、現役を退いた後に社会人入学した龍谷大学大学院経済学研究科修士課程で作成した3本の論文をまとめたものです。

　明治から平成まで、近・現代日本の経済と社会、米価政策はどのように変遷してきたかを、統計に基づいて分析し、さらには現在の危うい世界情勢をも予見するような考察もあり、その視野の広さに驚かされました。30年前に書かれた論文ですが、著者の鋭い指摘は現在もその意味を失っていないと言えるでしょう。

　また、紙面の都合上、今回は掲載できませんでしたが、著者は雑誌や新聞への投稿や紀行文など、多数の執筆活動を行っています。そこでも、国内外の政治経済情勢やその時々の世相について、鋭い観察力や分析力、旺盛な知的好奇心で筆を揮っています。その作品群も、いつかなんらかの形で多くの方々の目に触れる機会があることを願っています。

　長年にわたる執筆活動の記念碑ともいえる本書の刊

行を、心から喜びたいと思います。

株式会社　文芸社

出版企画部　阿部俊孝

目次

第1話
第一次世界大戦と第二次世界大戦と日本

＊本項は平成6年（1994年）、龍谷大学大学院経済学研究科修士コース在学中の作成レポートに、一部手を加えたものです。

はじめに

　いま世界はかつての東側世界、すなわちソ連を始めとする社会主義圏の崩壊と、それに続く市場経済化への模索という大変動の時代を迎えている。これによって、米ソ二大国勢力の間の冷戦構造、対立構造は当面は消滅し、第二次世界大戦後懸念されてきた世界的規模における戦争の危機は一応は避けられたと言えよう。

　とどまるところを知らなかった大国の軍拡競争も、このような情勢の変化を受けて縮小の方向に向かっている。もっともこれには、世界的な不況、ロシアや東欧諸国の予想を上回る経済的困難の影響も大きい。

　しかし一方では、大国のタガが緩み、東西陣営それぞれの求心力が失われたのを契機に、国家間あるいは一国内における民族、宗教上の対立、紛争が世界の各地で噴き出し、各地で武力衝突やテロが頻発している。

　国連も国連軍の派遣などによる平和維持活動（PKO）を展開し、世界平和の維持に努めているが、その成果ははかばかしくない。日本も経済的、人道的援助を行うとともに、カンボジアへ自衛隊を派遣した

ことは記憶に新しい。

　世界は二十世紀前半、二度の世界大戦を経験した。そしてかつて例を見ない人的、物的被害を被り、勝者も敗者もともに消耗し尽くした。勝者も戦争が決して利益をもたらすものでないことを知った。

　こうして二度と戦争を起こさぬようにと、そのつどさまざまな方法が考えられた。第一次世界大戦では国際連盟が、第二次世界大戦では国際連合や国際通貨基金、世界銀行などの制度である。

　第二次世界大戦後ほぼ50年、幾度かあわやと思われた場面はあったものの、世界はさいわい大戦を経験せず今日に至っている。

　しかし、現在の世界各地の紛争を見るにつけても、世界の完全な平和の困難さを痛感せざるを得ない。戦争や争いごとは人間の、人類の業なのであろうか。

　日本はかつての第二次世界大戦では一方の主役を演じた。

　世界は前の第一次大戦の処理で苦しみ、他方では植民地や弱小国などの民族自決の運動が高揚していたにもかかわらず、帝国主義的拡張の愚を繰り返し、日本もその例外ではなかったように見える。

そこで、第一次世界大戦から第二次世界大戦に至る日本経済や社会、さらには簡単に世界の動きを振り返り、日本とこれらの戦争との係わりを見るのも、今後の日本の進むべき方向を考えるうえで意味があることと思う。

第一次世界大戦から昭和恐慌へ

（1914年〜1930年）

Ⅰ．戦争の推移

　1914年（大正3年、以下明治は明、大正は大、昭和は昭と略す）7月、遠くバルカン半島に端を発した第一次世界大戦を、元老井上馨は「大正新時代の天佑」と述べた。この大戦への参加は二重の意味でその後の日本の進路に大きく影響したのである。

　一つは未曾有の経済的繁栄をもたらし、それまで遅れていた重化学工業発展の基礎を築いたこと、二つにはドイツ租借地の膠州湾・青島占領で中国での日本の権益拡大を果たしたことであった。

　当時、日本はイギリスと同盟関係にあり、イギリスの要請により参戦した。その趣旨は青島のドイツ東洋艦隊がイギリス商船を脅かしたため、それを撃破することであった。しかし、ときの大隈重信内閣はこれを好機として青島を占領し、さらにマーシャル諸島などドイツ領の諸島をも占領した。まさに漁夫の利を得たのである。

一方経済面では、全産業部門において海外、国内市場を拡大する機会を与えられた。すなわちアジア地域への輸出の独占、英国など連合国からの軍需品やその他商品の注文の集中、ヨーロッパ諸国からの輸入の途絶が重化学工業の自立と発展を促したことなどである。

　この結果、それまで続いていた輸入超過が一転して大幅な輸出超過となり、長年の負担となっていた日露戦争（1904〜5年、明37〜8年）の戦費調達のための英米外債も返済したばかりか、逆に債権国に転じたのである。第一次世界大戦の始まった1914年の対外債務11億円が、20年（大9年）には逆に27億円の債権国となった。

　第一次世界大戦は1918年（大7年）11月、ドイツの降伏で終わった。ブームはその後も1年間続いたが、1920年（大9年）には株式市場、商品市場の崩壊に始まる世界的、本格的な戦後恐慌がやってきた。

　日本の輸出は激減し、鉄鋼、造船を始め製糸、紡績などがとりわけ大きな打撃を受けた。1921年（大10年）には一時小康を得たもののワシントン軍縮会議の結果、財政膨脹政策に終止符が打たれ、またもや低落の傾向となった。

さらに1922年（大11年）投機商石井定七商店の破産がきっかけとなって地方銀行の破綻が相次いだ。そして翌1923年（大12年）の関東大震災はそれに追い討ちをかけるものとなった。

　政府は緊急モラトリアム措置と震災手形による資金融通を実施した。前者は30日の支払延期であり、後者は震災地支払手形などの日銀再割引による融資である。こうした手形は4億3000万円に達し、回収がなかなか進まず後の金融恐慌の原因の一つになった。

　その後は震災復興景気も見られたものの、復興需要や輸出の減少により空前の輸入超過が続き、為替相場の下落などもあって経済は立ち直りを示さず、昭和の金融恐慌に突入するのである。

　他方、当時の世界資本主義経済は一応の安定期に入り、西欧の先進国では漸く金本位制に復帰を果たしていた。しかし日本はそのような状態ではなかった。

　1927年（昭2年）3月、金融恐慌が起こった。ことの始まりは震災手形の処理問題をめぐっての国会論議において、若槻禮次郎内閣の片岡直温蔵相の失言によって東京渡辺銀行が休業に追い込まれたことにあった。

そしてこれをきっかけに多くの銀行が取り付けにあい、破産して、恐慌状態に陥ったのである。さらに国会審議の過程で鈴木商店と台湾銀行の関係が明るみに出て、鈴木商店は破産、台湾銀行は休業に追い込まれ、経済界は大混乱に陥ったのである。

　この混乱によって同年4月、田中義一内閣が成立しモラトリアムや日銀特別融資などの措置で切り抜けたが、印刷が間に合わず片面印刷の200円券が発行されたのもこの時である。これを機会に銀行の整理、集中も一段と進んだのである。

　1929年（昭4年）7月、浜口雄幸内閣が登場、井上準之助蔵相は直ちに金輸出解禁の準備にとりかかった。当時フランスが1922年に金本位制に復帰したのを最後に、すべての先進国では金本位制に復帰しており、財界、特に銀行、貿易業界の要請が強かったのである。

　蔵相は財政、金融の引き締めを行い物価安定を図った後、1930年（昭和5年）1月、旧平価で金解禁、金本位制復帰に踏み切った。

　ちなみに旧平価は100円が約50ドル、実勢は45ドル程度であった。折しも1929年10月アメリカの

ニューヨーク・ウォール街の株価大暴落に端を発した世界大恐慌がわが国にも及び始め、金の大流出と不景気のダブルパンチに見舞われる結果となった。

　これが昭和恐慌と言われるものである。物価の暴落は著しかった。1930〜31年の2年間に平均30%の低落であった。生糸、綿糸、セメント、銅、木材、石炭、鉄など主要商品はいずれも著しく下落した。その結果、企業、銀行の倒産が続出した。

　また農村の不況はさらに深刻であった。農産物は金融恐慌以来の下落に拍車をかけられた。特に繭価がひどく、米価も1930年（昭5年）の豊作により一挙に下落した。そのうえ農産物価格の下落が、農村が必要とする工業製品の下落をはるかに上回ったのである。

　貿易も大幅な減少を示した。生糸、綿製品などが特に著しかった。1930年の輸出入は前年に比していずれも30%の減少であった。このような状況のなかで、日本は後述の15年戦争の時代へと入っていく。

Ⅱ. 産業

1. 独占資本の確立

　第一次世界大戦を契機とする軽工業から重化学工業への産業構造の変化は、必ずしも順調ではなかった。ヨーロッパが戦後復興に乗り出し、一方戦後恐慌が本格化するにつれて、海外、国内需要ともに減退し日本の産業は過剰生産に苦しみ深刻な打撃を受けたからである。

　特に大戦ブームで順調な発展を遂げつつあった鉄鋼、造船や輸出産業として重要な位置を占めていた製糸、紡績などが深刻であった。さらに金融恐慌、昭和恐慌が続き、弱小企業の倒産が相次いだ。

　このような不況のなかで競争力をつけ生き残るために、企業の整理統合による集中が進められた。こうしてほとんどの産業、業種に独占化が進んだのである。

　たとえば鉄鋼の場合、1930年（昭5年）、官営八幡製鉄所のシェアは銑鉄40%、鋼50%を占め、その他のほとんどを10社程度の企業が生産していた。造船では弱小の整理が進められ、1926年（昭元年）には三菱造船など7社で90%弱を生産していた。石炭で

も1930年には三井鉱山など7社で55%を産出した。紡績では東洋紡などの6社がほぼ50%を生産した。

また1927年（昭2年）、銀行法の制定によって、銀行は資本金100万円以上に限定された。これによって銀行の集中も一挙に進められ、同年には三井、三菱など財閥系5行の比重が増し、預金では31%を占めるに至った。

2. 財閥の発展

三井、三菱、住友、安田などの財閥はいずれも明治末期から大正の初めにかけて発展していたが、大戦後以来の恐慌期を通じて持ち株会社の株式取得などの方法によって傘下の企業を拡大していた。

産業部門も多岐にわたり、それぞれ独占的地位を確立していった。安定した収益の確保のため資本投下の分散が必要であり、重化学工業化、軍需産業の拡大などの時代の要請に応える意味もあった。

特に企業の整理、統合に際しては、財閥系銀行の持つ強大な金融力が大きな役割を果たした。

たとえば三井の場合、1928年（昭3年）頃の主要な支配会社は三井物産など直系6社、王子製紙など傍

系12社を数え、そのそれぞれがまた多数の直系、傍系の子会社を傘下に収めていた。

またこの時期、既成財閥の勢力の及んでいなかった産業部門、特に化学工業、主として肥料工業などで新興財閥が成長した。

これらの財閥は後述の満州事変（1931年）以降、軍部と結んで主として大陸に活動の舞台を見出すのであるが、この時代に基礎を築いた。野口 遵 の日窒、鮎川義介の日産を始めとして、森、日曹、理研などのコンツェルンがそれである。

3.　農業

農地地主の高額地代は農業の資本主義化を阻み、工業生産との発展の不均衡は農業危機となって現れた。ちなみに1925年（大14年）当時の有業人口の約半数が農林水産業に従事していたが、その所得は28％程度にすぎなかった。

戦後不況で最も深刻な打撃は生糸の暴落であり、次いで米などの穀物も大幅に下落した。これに対して地主層は政府に米価の引き上げと安定を要望し、一方では小作争議も激化した。

小作料収入の減少によって地主制も動揺し、土地の投げ売り、集中化も進んだ。政府もこのような状況を放置できず一連の農業政策を実施した。

　まず第一に1921年（大10年）の米穀法の制定である。政府が必要に応じて米の売買、貯蔵を行い、また輸出入制限を課すことで需給調整を行うというもので、政府介入の第一歩であった。

　第二に1924年（大13年）の小作調停法で小作争議の調停の手続きを定めた。そして1926年（大15年）、自作農創設維持補助規則を施行した。

　これは農村の中堅層としての自作農存在の必要を認め、土地購入資金の貸し付けと利子補給を行うというものであった。しかしこれらの施策も結局は地主に有利なものであり、農民の側からは、耕作権の確立や団結権の確保を中心とする小作立法を要求する声が高まっていったのである。

4.　満州への進出

　日露戦争（1904～5年、明37～38年）後、わが国はロシアから長春―旅順間の鉄道および支線、さらにそれに属する権利、財産、炭鉱などを譲り受け、清国

の承認を得た。

　これらを基礎として政府は1906年（明39年）政府の半額出資で南満州鉄道会社（満鉄）を設立し、これがその後の満州経営の中心となった。主要業務は鉄道経営であったが、ほかに港湾、鉱山、製鉄、電気、ガスなど多方面の事業を行っていた。

　こうして中国東北部の満州は日本にとって資源の供給地のみならず、貿易市場、資本輸出の対象地、利権などを含む重要な地域となっていった。

　原料供給地としては石炭、銑鉄、豆類、油粕などの供給で重要な位置を占めていた。さらに資本輸出市場としてもきわめて重要であった。それは同時に商品輸出市場でもあった。1926年（大15・昭元年）の満州方面への直接投資は13億2000万円に達し、それは全中国投資の76％を占めた。

　また1930年（昭5年）には満州への投資は17億円を超え、満州における外国人投資総額の70％以上を占めた。それは日本の海外投資総額の58％に当たり、対中国投資の65％であった。

　しかもそれら日本の投資は外資を導入しながらの投資であったから、日本が満州投資にいかに力を注いで

いたかが分かろう。

　このような情勢のなかで関東軍によって満蒙（満州と内蒙古東部）独立がしばしば構想されていたが、それが1931年（昭6年）の満州事変につながった。

Ⅲ．社会

1．労働運動

　日本で最初の労働組合は、1897年（明30年）の恐慌に際して、高野房太郎らの設立した労働組合期成会とされる。そしてその後、組織的な労働争議も急激に増加し、これに対処して最初の工場法が1911年（明44年）に公布され、1916年（大5年）に施行された。

　第一次世界大戦後の相次ぐ恐慌によって労働者は賃金引き下げと失業の脅威にさらされ、労働争議は急増した。これを1919年（大8年）と1930年（昭5年）で比較すると、争議数では500件から2万300件へ、参加者は6万6000人から19万2000人へ増加している。

　賃金減額反対、解雇反対など労働者の生活防衛的要求が中心であった。特に1930年に起きた温情主義的経営で知られた鐘紡（鐘ヶ淵紡績）の長期ストライキ

は、不況の深刻さをうかがわせるものであった。

　当時全国的組織としては、右派の日本労働総同盟と左派の日本労働組合評議会があったが、当局の弾圧と内部対立で次第に弱体化し、戦時体制とともにやがて労働争議も減少に向かうことになった。

2. 農民運動

　農民運動は主として小作争議の形で展開された。1919年（大8年）小作地は全農地の46%、小作農は全農家の28%、自作兼小作農は41%のウエイトを占めていた。

　日露戦後、1905年（明38年）頃から小作争議はかつての農民一揆に代わるものとなっていたが、1919年時の恐慌を通じて急増した。

　1919年の326件が26年（大15年）には2750件、参加人員では15万1000人の最高を記録した。

　小作争議の最初は小作料の引き上げ反対や減免の要求が主流であったが、次第に耕作権確保の要求が強まった。

　小作組合数も昭和初期には4000を超えた。日本で最初の全国的組織は、1922年（大11年）、賀川豊彦ら

によって結成された日本農民組合であったが、労働組合と同じくやはり当局の弾圧と内部分裂を繰り返しつつ、ついには無力化していくのである。

そして恐慌に苦しむ農民の要求を代弁するようになるのは、一部の青年将校や右翼であった。彼らは農村、農民の窮状を、大陸侵攻や政党政治の打破、はてはテロの正当化に用いたのである。それだけ農村危機は深刻であったと言えよう。

3. 社会の状況

この時代は不景気、失業、農村の窮乏など経済的には暗い雰囲気に包まれた時代ではあったが、一方では大正デモクラシーといわれたような自由主義、社会主義の思想がかつてないほど盛んになった時代でもあった。

いわば、後の日本の進路を決定する十字路のような位置にあったような気がする。

しかし後から振り返ると、結局は上からの近代化路線がここでも勝利を収めて、日本は1931年（昭6年）の満州事変から戦争の時代に突入していったように思える。

さて、1918年（大7年）には大戦中の米価暴騰で全国的な規模で米騒動が起こった。軍隊が出動する騒ぎとなったが、組織的なものではなくまもなく鎮圧された。

　1922年（大11年）には日本共産党が非合法下に結成されたが、翌年ほとんどの党員が検挙され、壊滅状態になった。

　1925年（大14年）には待望の普通選挙法が公布された。これは従来の納税制限をはずし、満25才以上の男子全員に選挙権を与えるというものであった。

　しかしそれと引き換えの形で悪名高い治安維持法が制定された。これは国体変革とか、私有財産否認とかいった思想、信条を持つだけでも取り締まりの対象とするものであって、その後、多くの学者や組合活動家などがその犠牲になった。

　一方では、1922年のワシントン条約（海軍軍縮条約）やその後の不況の影響で、1925年頃（大14年）までにかなりの軍縮も行われ、軍人が肩身のせまい思いをし、軍部の政治勢力も後退したかに見えたのであるが、結局、時代の流れは変わることはなかった。

Ⅳ. 国際関係の動き

1. 日本の国際関係

　日本はかねてより中国（中国では、辛亥革命により1912年＝明45年に清朝が滅び、中華民国が成立）における権益の確立、強化をねらっていた。

　したがって第一次世界大戦中、青島を占領すると、1915年（大4年）、袁世凱大総統に21カ条要求を提出し、山東省の旧ドイツの利権継承、南満州の事実上の領土化などの要求を承認させた。これは中国の排日運動を高めさせ列国の非難を招いた。

　また、中国では袁の死後軍閥割拠の時代となるが、袁の後継の黎元洪政権の段祺瑞国務総理に寺内正毅内閣はいわゆる西原借款を与え、これを日本の傀儡政権にしようとした。

　1918年（大7年）にはシベリア出兵が行われた。1917年のロシア革命に西欧列国は危機感を抱き、反革命勢力を助けるため日本にも出兵を要請してきた。日本はこれを好機として東シベリアを勢力下に置こうと考え、協定をはるかに超す大軍を派遣した。

　列国は1920年（大9年）までに撤退し、日本のみ

が残ったが、結局惨めな敗北を喫し、シベリアからは1922年（大11年）に、北樺太（サハリン）からは1925年（大14年）に撤退した。

1918年（大7年）、第一次世界大戦が終わり、1919年ヴェルサイユ条約が締結された。日本は山東省の旧ドイツ利権を獲得し、南洋でのドイツ領を委任統治地として受け取った。

その際成立した国際連盟では常任理事国となり、英、米、仏、伊とならぶ世界の五大国の一つと自負するようになった。

しかし一方では対外国摩擦も大きくなり、かつ激しくなっていった。1919年5月、中国国内には旧ドイツ利権を日本が継承したことに反対する5・4運動が起こった。

また米英との対立もこの頃から表面化し、アメリカは1924年（大13年）、日本人移民を事実上禁止し、イギリスは1921年（大10年）、日英同盟の終了を通告してきた。

1922年にはワシントン条約の締結があり、米英日の主力艦の比率が5：5：3と決定され、また日本は山東省の旧ドイツ利権を中国に返還させられた。

1928年（昭3年）、日本は中国の北伐にからんで居留民保護の名目で山東省に出兵、済南を占領した。また同年には関東軍が奉天軍閥の指導者 張 作霖を爆殺している。

2. 世界の情勢

　第一次世界大戦は1914年（大3年）夏、オーストリア皇太子がボスニアの首府サライェヴォで暗殺されたことに端を発した。

　その頃ヨーロッパでは、仏露英の結びつきと、独墺伊の同盟がそれぞれの利害関係のからみで形成されていた。オーストリアは皇太子の暗殺がセルビアの陰謀として宣戦、ロシアがセルビアを支援、ドイツがロシア、フランスに宣戦、イギリス、次いで日本がドイツに宣戦した。ドイツ側が同盟国、イギリス側が連合国と言われた。

　翌年イタリアがドイツとの同盟を破りドイツに宣戦、その後ブルガリア、トルコがドイツ側に、ルーマニア、ギリシャ、中国、最後にアメリカが連合国側に参戦した。

　戦争は長引いたが、1917年（大6年）、ロシア革命

が起こり、まずロシアが脱落、1918年（大7年）、ド
イツにも革命が起こり、結局11月、ドイツの降伏に
より戦争は終結した。

　この戦争の人的、物的被害はかつてない大きなもの
であった。

　この大戦がその後の世界の動向に最も大きな影響を
残したものは次の三点であった。すなわち、ロシア革
命による社会主義の国際的そして各国内的な影響、ア
メリカの経済、政治力の強大化、そして植民地諸国に
おける民族主義の台頭である。

　1919年（大8年）の戦後処理のヴェルサイユ条約
でドイツはすべての植民地を失い、過酷な賠償を課せ
られ、軍備を制限されることになった。

　この時アメリカのウィルソン大統領の提唱で国際紛
争の平和処理の機構として国際連盟が設置されたが、
アメリカは加盟せず、連盟はその機能を弱めることに
なった。

　大戦後はロシアとドイツが最も苦難の道を歩んだ。
ロシアは国内の反乱や諸外国の干渉戦争を排して、
1923年（大12年）、ソ連（ソビエト社会主義共和国連
邦）を組織して、計画経済を確立していった。

ソ連は、1922年（大11年）ドイツ、1924年イギリスなど、1925年日本、1933年（昭8年）アメリカと、それぞれ国交も回復した。

　その後、ドイツも主としてアメリカの援助を得て立ち直り、1926年（昭元年）には国際連盟に加盟し、国際社会に復帰した。

　この間、民族自決もトルコ、エジプト、シリア、イラクなどで一応は達成され、インドの独立運動、中国の民族主義運動も盛んになった。特に中国では反日、反英運動が燃え上がった。

　こうして1920年代後半には戦後復興も成り、世界は一応の安定期を迎えたかに見えたのである。

　しかし、1929年（昭4年）アメリカに発した世界大恐慌はその様相を一変させることになった。それはマルキストの予想したような社会主義国の生誕にはつながらなかった。

　それに反して世界の一角にファシズム、全体主義を生み出し、やがて後述の第二次世界大戦へと時代は動いていった。

満州事変から太平洋戦争へ（1931年〜1945年）

Ⅰ．戦争の推移

　1931年（昭6年）9月、日本は柳条湖の満鉄爆破
事件を中国軍の仕業として満州事変を起こした。これ
が1931年の満州事変から1937年（昭12年）の日中戦
争、さらに1941年（昭16年）の太平洋戦争の開戦を
経て、1945年（昭20年）の日本の降伏で終わった、
いわゆる15年戦争の発端であった。

　ところで、この柳条湖事件は実は日本軍がしかけた
ものであった。

　翌1932年（昭7年）日本は清朝の廃帝溥儀を立て、
満州国を建国させ、中国満州地域を実質的に支配する
ことになった。

　その主な目的は日満経済ブロックの確立であり、軍
事的には対ソ防衛あるいは対ソ戦準備のためであった。
そして関東軍や満鉄を中心に計画的な経済建設をめざ
した。

　事変といわれた戦争は、満州建国をはさんで約3年

間争われ、領土を確定して停戦した。しかしそれから
の日本経済、そして社会が準戦時体制、さらには戦時
体制へと塗り替えられていくのである。

　1931年（昭6年）12月、犬養毅政友会内閣は高橋是
清蔵相を起用。彼は直ちに金輸出再禁止に踏み切り、
積極財政、低金利政策に転じた。ちなみに井上準之助
前蔵相の民政党は均衡財政派、高橋蔵相の政友会は積
極財政派というのが当時の財政政策の姿勢であった。

　この政策転換期を振り返ってみると、同年９月イギ
リスはすでに金本位制を停止し、他の国もそれにな
らっていたのである。これが日本の再禁止近しとの思
惑を生み、大量のドル買い、円売りを発生させた。

　井上前蔵相はドル買いに応じると同時にドル買い資
金を断つため金融引き締め策をとり、不況はさらに深
まっていたのである。

　金輸出再禁止のねらいは為替切り下げによる輸出拡
大であった。

　一方の積極財政の中身は満州事変費と時局匡救事
業費であったが、当面の不況克服を最重点課題とした。

　具体的には、前者は軍需産業を中心に重化学工業の
発展を促した。また後者は、農村における土木事業の

拡大や農村救済、中小企業救済のための低利融資、農産物価格支持政策などに当てられた。

　これらの積極財政の財源は、日本の財政史上初めての日銀引き受けによる公債によった。公債の発行は1932年度（昭7年度）から始まり、1935年度（昭10年度）までに27億6000万円に達したが、日銀はその90%を市中に売却している。

　このように初期においては公開市場操作による市中消化の原則が守られたので、物価は落ち着き、経済の安定は比較的維持できた。

　この高橋財政は1933年（昭8年）に開始されたアメリカのニュー・ディール政策と共通の性格を持つものであり、わが国におけるケインズ的政策のはしりと言えよう。こうして景気は徐々に好転した。

　1936年度（昭11年度）予算編成に当たっては、高橋蔵相は公債の市中消化はすでに限度に達したと判断して、公債漸減、軍事費削減を主張し、軍部に必死の抵抗を試みたが、二・二六事件の凶弾に倒れた。以後軍部の圧力の前に財政は歯止めを失っていく。

　この間、こうした積極財政により軍需生産に支えられた重化学工業を中心とする生産の回復、発展は順調

に進んだ。工業生産は1936年（昭11年）には1930年（昭5年）のほぼ50％増しとなり、農業生産も全般に増加の傾向を示した。貿易も金輸出再禁止による為替安や生産の増加で、1933年（昭8年）頃から沈滞を脱した。

　1937年（昭12年）7月、北京近郊の盧溝橋での日中両軍の衝突をきっかけとして日中戦争が勃発した。政府は当初は短期終結をめざしたが、結局は泥沼の長期戦にもつれ込み、わが国は戦時体制のもと経済統制を一気に強化することになった。

　日本軍は開戦半年以内には首都南京を占領したが、中国の国民政府は武漢、さらには重慶に移動し徹底抗戦を続けたのである。満州事変以来、軍拡と経済統制に批判的であった財界、財閥は軍部と対立する場面もあったが、軍財抱合が不可欠な状況となった。

　まず膨大な軍事費の調達と軍需を中心とする工業の急速な拡大が必要であった。日中戦争の開始と長期化は、健全財政との別れを告げるものであった。財政を始め国家のすべてを戦争目的に集中しなければならない時代への転換の端緒となった。

　ちなみに1937年と（昭12年）1941年（昭16年）、

つまり日中戦争と太平洋戦争それぞれの開始年の財政の推移を見ると、一般会計では27億円から81億円に増加し、一般会計と臨時軍事会計を合計したものでは47億円から165億円に達した。そのうちの直接軍事費の比率は69%から76%の高率となっている。

この増加財源を確保するために大幅な増税と国債発行が行われた。税収は37年度の15億円から41年度には44億円へ増加した。また国債は同15億円から88億円に激増し、歳入総額の56%にも達し、しかもその大部分を日銀が引き受け、公開市場による引き受けは激減した。

当然、軍需産業は大幅に拡大し、典型的な戦時経済が出現した。一方では物価は騰貴し、国際収支は大幅な赤字に転じた。

主要な経済統制法として、1937年（昭12年）、いわゆる統制三法が成立した。臨時資金調整法、輸出入品等臨時措置法、軍需工業動員法の適用に関する法律、の三つである。

最初の法は事業資金がもっぱら軍需関係の産業などに振り向けられるよう規制するもの、二番目は物資の生産、輸出入、配給などの制限ないし禁止を通じて消

費規制を図ったもので、実質的にはすべての物資が対象になった。

　またこの年、内閣に企画院が設置され、国家統制の中枢機関となった。

　さらに翌1938年（昭13年）には国家総動員法が公布された。政府は議会の審議を経ずに広範な人的資源及びあらゆる物資を動員できる権限を持ち、資金の運用を統制し、事業間の協定を命じる権限も得たのである。

　その後はこの総動員法に基づいて事業はもちろん賃金、価格、地代に至るまで五十数種に及ぶ統制令が発布され、戦時統制の網の目が経済活動から国民生活の全面に張りめぐらされたのである。

　こうして戦時の全期間にわたって国民生活の犠牲の上に、ヒト、モノ、カネのすべてが戦争遂行に振り向けられることになった。

　1939年（昭14年）９月、ヨーロッパでは、ドイツのポーランド侵入を機に英、仏がドイツに宣戦布告し、第二次世界大戦が始まった。

　1940年（昭15年）、第二次近衛文麿内閣は日独伊三国同盟を締結し、満州事変以来悪化していた対米英関

係は決定的となった。

　すでに日米通商航海条約の破棄を通告していたアメリカは、これを機にクズ鉄、工作機械の禁輸を、そして41年（昭16年）8月、日本の南部仏印（フランス領インドシナ）進駐を機に石油の禁輸を断行した。もっとも日本も関係改善の方策を探りながらも、対米英戦を辞せず、との覚悟の仏印進駐ではあった。

　軍部は、日本がABCD（米、英、中国、オランダ）包囲網に包囲されていると盛んに喧伝し、アジア地域全体を円ブロック内に引き込んで貿易を行い、さらにアウタルキー（自給自足）経済圏としてのアジアを中心とした大東亜共栄圏なるものを構想したのである。

　1941年（昭16年）10月には東條英機内閣が成立し、12月、日本は米英に対して宣戦を布告した。太平洋戦争の始まりである。

　こうして第二次世界大戦は名実共に世界に広がったのである。

　しかし当時の日米の石油など主要戦略物資の生産力の比率は実に1：78とした計算もあったほどで、将来の確たる見通しもない無謀な開戦であった。

　それにもかかわらず真珠湾の奇襲に始まった緒戦で

は、南方資源地帯の占領も進み、石油資源も確保でき楽観ムードさえ生まれた。

　しかしそれも束の間のことで、1942年（昭17年）後半のミッドウェー海戦での敗北などを契機に、日本は守勢に転じることになった。その後は占領地の孤立、撤退、全滅などを経て、日本本土の制空権、制海権すらも失っていった。

　さらに本土空襲、沖縄戦、原爆投下、ソ連参戦などを経て、1945年（昭20年）8月、日本はついに力尽き、無条件降伏に至るのである。同年4月に成立していた鈴木貫太郎内閣が終戦処理に当たった。この時、同盟国のイタリアは1943年に、ドイツも1945年5月にすでに降伏しており、第二次世界大戦は、太平洋戦争の終戦とともに終わったことになる。

　さて、太平洋戦争はさらに財政の大膨張をもたらした。1941年（昭16年）と終戦直前の1944年（昭19年）を比較すると、一般会計では81億円から199億円に増加した。また一般会計と臨時軍事会計の合計は165億円から862億円に増え、総額に占める直接軍事費の比率は76％から86％となっている。

　困窮をきわめた国民の消費生活を示す数字でもある。

これを賄うため引き続いて増税と巨額の国債発行が行われた。同時期の発行高は88億円から270億円に激増した。物価高とインフレの波はますます高まった。

　この時期の統制としては、まず重要産業における統制会と産業設備営団である。前者は1942年（昭17年）、鉄鋼、石炭などの業種に設立され、企業や事業団体を国の協力のもとに強制的に支配し統制するものであった。後者は官営事業体とでも言うべきもので、1941年から重要物資管理営団、交易営団などが設立された。

　一方金融統制としては、1941年（昭16年）、興業銀行など11行からなる全国金融統制会が設立され、また翌42年には金融機関の整備合同を促進する方策がとられた。

　また1943年（昭18年）には鉄鋼、石炭、軽金属、造船、航空機の5産業を特に重点的に補強する政策をとり、物資動員計画の対象もこの5産業に限ることにした。同時に平和産業、非効率とされた中小企業が整理、解体された。しかしこのような国をあげての努力にもかかわらず、1943年頃より軍需生産は減少の兆しを見せ始め、以後壊滅の道をたどっていく。

　その理由としては、まずアメリカなどによる日本近

海の封鎖と船舶の急激な不足によって、重要資材や原材料などの輸入がますます困難になったことである。

　第二に戦争の拡大による大消耗に生産が追いつかなくなったうえに、1944年（昭19年）以降の本土空襲により狙い撃ちにされた軍需工場被害が重なったためである。

　一方国民の消費生活への統制も着々と進められた。1940年（昭15年）6月にはマッチ、米、砂糖などが統制品となり、7月には奢侈品の製造販売制限が閣議決定され、さらに1941年（昭16年）には米が配給制になった。

　ほとんどの物資に公定価格が設けられていたが、民需用の物資はだんだんと乏しくなり、ヤミ取引が横行し、国民生活を圧迫していった。

　こうして日本の戦時経済は崩壊していったが、戦時中の設備や制度が戦後に引き継がれたものも少なくない。

　たとえば、電力、鉄鋼、機械などの基礎的部門は敗戦時もかなりの設備能力を残しており、これが戦後復興の支えとなった。

　また戦後の下請制、企業などへの行政指導、企業別

組合、労務管理などに戦時統制経済の名残を見ることができる。

Ⅱ．産業

1．重化学工業と軍需産業の発展

　満州事変以来、重化学工業、特に金属、機械、化学工業などの発展はめざましく、一方では紡績、食料品など軽工業の発達は緩慢に推移した。

　1937年（昭12年）には重化学工場生産額は全工場生産額の50%を、翌38年に60%を占めるに至った。特に軍需関連産業であるアルミ、各種機械、自動車、航空機、化学、鉄鋼などが著しかった。

　またわが国では従来から官営軍需工場の比重が高かったが、この時期から民営が急速に伸びた。財閥系企業もさらに勢力を伸ばした。官営中心だけでは需要に追いつけなくなったからである。

　この間の生産の動きを見ると、1931年（昭6年）と1936年（昭11年）との比較では、鉄鋼では2倍に、機械器具では3倍に増加した。

　また1937年（昭12年）と1941年（昭16年）の比較

で見ると、重化学工業はやや鈍化したものの成長を続け、一方、軽工業は横這いないし減少している。特に繊維、食料品などの民需品の減少が目立つ。

　これは原材料の輸入が困難になってきたこと、生産が軍需中心にますます傾斜していったことなどのためである。

　さらに1941年（昭16年）から戦争終結の1945年（昭20年）を見ると、直接兵器の生産以外は、民需品はもちろん重要生産材も年を追って急激に減少していく。乏しい資材を兵器生産に集中したためである。

2.　産業の独占とカルテル

　この期間、独占はさらに強化された。1934年（昭9年）には官営八幡製鉄所を中心に三菱製鉄など5社が合同して日本製鉄会社が創立された。これにより総生産に占めるシェアは銑鉄96%、粗鋼53%となった。

　その他、1931年（昭6年）の東洋紡による大阪合同紡績の合併、1933年（昭8年）の三井系の王子製紙による富士製紙の合併などがあり、独占的大企業の全盛時代となった。

　1937年（昭12年）の日中戦争の開始による軍需生

産の拡大はさらに独占を進めた。三菱重工、東芝など
の巨大企業を中心に合同が進められた。

　銀行も整理合同が進み、1937年（昭12年）の377
行が1941年（昭16年）には194行になり、この間に
財閥系銀行の規模はますます大きくなった。当時の特
徴は国家統制が推進力となり、国家資本を媒介として
独占が進められたことである。

　1941年以降の太平洋戦争期となると、この傾向は
ますます顕著になった。特に1942年（昭17年）の金
融事業整備令の公布、1943年の民需工業の軍需工業
への転換などを契機として、国家統制による合同が一
段と進展した。

　またこの期の初期には昭和恐慌の影響で、生産、販
売、価格などのカルテル結成が活発となった。政府も
1931年（昭6年）、重要産業統制法を制定し、一定の
条件を満たせばアウトサイダーの加入を強制できるよ
うにして、これを助成した。

　その結果、カルテルは石炭、鉄鋼から繊維などあら
ゆる業種に広がり、1932年（昭7年）には80件を超
えた。しかし、これらのカルテルも景気の回復、戦時
生産の拡大、強化とともに次第に減じていった。

3. 財閥の動向と新興財閥の発展

　財閥も軍需産業の発展、企業の整理、合同の波に乗って独占をさらに強化した。特にこの期の財閥については、旧財閥の転向、新興財閥の発展、軍財抱合、さらに後には新興財閥の相対的没落などの特徴が見られる。

　1931年（昭6年）、イギリスの金本位制離脱をきっかけに起きた三井銀行のドル買い事件は大衆の怒りを買い、軍部や右翼の財閥批判を一挙に燃え上がらせた。

　これを機に旧財閥は本社機構を改組し、一部株式の公開、一族の引退、さらには社会事業への寄付などの対策を講じ、国策の要請もあって軍部に接近していった。

　また新興財閥は満州事変前後から急速な発展を遂げた。たとえば日産は鉱山経営からスタートし、海運、造船、商事などへ次々と進出して、1937年（昭12年）には軍と結び満州重工業開発を設立した。日窒コンツェルンは朝鮮に進出、ダム、発電所の建設や肥料生産に活躍した。

　これら新興財閥の特徴は、重化学工業のウエイトが高いこと、内部に有力な金融機関を持たなかったこと、

植民地へ進出し旧財閥批判に乗じて軍部との密接な関係を持ったことなどであった。

こうして戦局が進むにつれて軍財抱合がますます強化され、またその必要も強まったのである。

しかし新興財閥は資金力が弱く、結局は旧財閥が主導権を握り、国家統制のもとに独占を強化していくことになった。

4. 農業の危機

昭和恐慌は農業に大打撃を与えた。当時の二大生産物であった繭は1930年（昭5年）には前年の半値に、また一方の米は豊作飢饉と重なり、31年には前年より40％も価格が下落した。

1934年（昭9年）には大凶作に見舞われ、農家は軒並み借金を抱え、村の財政も破綻し、教員や役人に給料を支払えないところも出てきた。さらに東北地方などの娘の身売りは大きな社会問題になった。

こうした危機を背景に時局匡救、農村救済は、1932年（昭7年）に成立した斎藤実内閣の重要課題になった。

まず土木事業を主体とする時局匡救事業が、1932

年度から３年間実施された。第二に農山漁村経済更生運動による自力更生の推進が行われた。これは1932年度から５年間、自力による更生計画の実施に補助金を支給するものであった。

　また1932年に更生計画を助ける組織としての産業組合拡充５カ年計画が実施された。以上の諸施策に16億円が支出され、農村財政もやや回復の傾向を示したのである。

　しかし戦時経済の進展に伴って、一方では需要の増加、他方では労働力、肥料など資材の欠乏が重なり食糧危機が深刻になってきた。

　政府は1940年（昭15年）以来、各種の統制法を制定した。まず米価の釘づけと米の強制買い上げが実施された。

　1940年、米穀配給統制法と供出米強制措置が実施され、米穀取引所が大日本米穀会という配給機関に編成変えされ、産業組合から卸小売商業組合への配給ルートが設定された。

　さらに1941年度（昭16年）からは生産者に対して一定の米価のほかに生産奨励金を与える二重価格制が実施された。これによって生産者価格が地主価格を上

回ることになった。

　このような措置によって地主制も実質的な解体の危機に立たされたのである。これが戦後の農地改革を進めやすくさせた一因ともなったのである。

　そして1942年（昭17年）、米の統制は食糧管理法として完成された。

5. 満州、朝鮮の重化学工業化

　満州事変後、1933年（昭8年）、政府は満州経済建設綱要を決定した。通信、鉄鋼、石油などの重要産業は一業種一社の国策会社とし、米、綿業などは内地との競合を避けるため抑制するなどの内容を含むものであった。

　1937年（昭12年）には日産の満州重工業開発が設立され、基幹産業を支配した。一方、満州建国、日中戦争の勃発で朝鮮（1910年、明43年日本が植民地化）の戦略的地位は高まった。北部朝鮮の重化学工業化が促進された。

　ここには日窒コンツェルンが進出した。日窒は水力発電で電力業の独占を基礎として肥料、マグネシウム、石炭などの重化学工業部門を支配した。

Ⅲ. 社会

1. 労働運動・農民運動

　満州事変後の重化学工業、軍需工業を中心とする産業の発展につれて労働者も増加した。特に工場労働者数は1931年（昭6年）の200万人から37年（昭12年）には340万人に増加した。

　また1934年（昭9年）には男子工場労働者数が女子のそれを上回った。軽工業から重化学工業化への進展の結果であった。

　しかし政府の弾圧や労働戦線の動揺によって、争議は1931年（昭6年）を頂点に徐々に減少に転じ、1937年（昭12年）にいったん増加したものの、戦時体制の進展とともに下火になっていった。

　1938年（昭13年）に産業報国連盟が発足。国家総動員体制の一環として産業報国会が各事業所に設置され、1940年に大日本産業報国会がつくられた。労使（労働者と使用者）一体の名のもとに労働組合もそのなかに吸収される形になった。こうして労働運動は実質的に消滅した。

　小作争議も深刻な農村不況を背景に、1931年の

3400件から1937年には6200件にまで増大したが、これが最後の高揚期であった。これも当局の弾圧と組織の分裂、右傾化などにより消滅していった。

2. 社会の状況

この時代はまず昭和恐慌後の不況のなか、経済的に見れば積極財政のもとで農村匡救政策も実施され、国民生活もある程度の改善や近代化が見られた時代でもあった。

しかしそれも効果は限られ、長く持続することはできなかった。前述のように1931年（昭6年）、満州事変が起こり、軍事優先の時代に入ったためである。

1932年（昭7年）には、血盟団による井上前蔵相、団琢磨三井合名理事長の暗殺、青年将校らによる犬養首相の暗殺（五・一五事件）が相次いで起こった。これにより憲政党加藤高明内閣以来、曲がりなりにも8年間続いた政党内閣は倒れ、政党政治は断たれた。

以後は軍部の台頭がこれに代わり、政治への軍の干渉が通例化した。そして軍人出身の首相が輩出することになった。

また、1933年（昭8年）には自由主義思想弾圧へ

の抵抗運動、京大・滝川事件が起こっている。1935
年には美濃部達吉博士の天皇機関説が禁止された。

　このような自由主義者にまで弾圧が及んだ結果、す
でに獄中にあった共産主義者や、検挙もされていない
左翼主義者などのいわゆる転向も目立った。

　1936年（昭11年）には高橋蔵相などを暗殺した
二・二六事件が起こっている。暗殺者などの理論的指
導者とされる右翼の北一輝の著書『日本改造法案大
綱』（1923年・大12年）は右翼、軍人、革新官僚など
に大きな影響を与えていた。

　1937年（昭12年）には日中戦争が始まった。

　1938年には国家総動員法が制定され、1940年（昭
15年）には第二次近衛内閣の新体制運動の一環とし
て大政翼賛会が結成された。また政党、政治結社、労
働組合もすべて解散に追い込まれた。1941年（昭16
年）には太平洋戦争が起こった。

　大政翼賛会は官僚、軍部による国民統制の中核機関
となり、産業報国会、婦人会、その他町内会に至るま
でその指揮下に入った。

　また戦局の緊迫につれて、国民はもちろん、植民地
の住民も働ける者は学生、生徒に至るまで、すべて戦

争のために戦場あるいは工場、農場にまで動員された。

一方国民の消費生活についてはほとんど顧慮されず、生活はますます窮乏の度を加えていった。

しかし軍部は徹底した言論統制、報道統制を敷くとともに、国民の戦意を喪失させることを恐れて虚偽の戦果報道を流し続けた。大多数の国民は、日本本土での決戦もやむなしと教えられ、最後の勝利を信じさせられて、飢えと廃墟のなかで我慢を強いられた。

Ⅳ. 国際関係の動き

1. 日本の国際関係

1930年（昭5年）1月から4月にかけてロンドン軍縮会議が開かれ、大型巡洋艦など補助艦艇の米英日の比率が10：10：7と決定された。政府が軍部の反対を押し切り軍縮に転じたのもこれが最後となった。

1931年には満州事変が起こった。

翌1932年（昭7年）、日本は諸外国の目を満州からそらすため上海で中国人に日本人を襲わせ、それを口実に出兵した。上海事変である。結局、日本軍は撤収したが、この騒ぎに紛れて満州国が成立した。

これらに対してアメリカを始め諸外国は、中国に関する九カ国条約（1922年・大11年）、不戦条約（1928年・昭3年）などの国際条約の違反として日本に激しく抗議した。

1933年（昭8年）にはリットンを団長とする国際連盟調査団が、満州を列強で共同管理することを提案し、連盟がこれを可決した。そのため日本は国際連盟を脱退し、ますます国際的孤立を深めた。

1937年（昭12年）、日中戦争が始まった。

1938年には満・朝・ソ国境の張鼓峰でソ連軍に攻撃をしかけ、撃退される事件が起こっている。さらに1939年（昭14年）には満州と外蒙古国境近くのノモンハンで大規模な戦争を始め、日本軍はソ連・蒙古軍に惨敗して撤退した。

いずれもソ連に一撃を加えることを望んだ軍部のしかけたものであったが、結局は日本、ソ連とも全面戦争を望まず一応は決着した。

1939年（昭14年）には、ドイツがポーランドに侵入、英仏が宣戦布告し、第二次世界大戦がヨーロッパを舞台に始まった。

1940年（昭15年）には日本はヨーロッパの戦乱に

乗じて北部フランス領インドシナに進駐した。南方の資源獲得の足がかりと、諸外国の中国援助ルートの遮断のためであった。

このため日本と米英の対立が急速に激化し、同年、日独伊三国軍事同盟が結ばれるに及んで対立は決定的となった。

1941年（昭16年）、日本は日ソ不可侵条約を結び、12月に太平洋戦争に突入し、第二次世界大戦は世界的規模に拡大したのである。

日本軍の南方侵入とともに占領地には軍政が敷かれたが、その政策の基本は日本軍資材、食糧などの現地調達、資源収奪、一切の政治活動禁止などであった。

現地住民は強制労働、物資不足、インフレなどに苦しんだ。そのため当初は日本軍を解放軍として歓迎した地域でも、反日感情は極度に高まり、しばしば反抗運動も生じるようになった。またビルマ（現・ミャンマー）、フィリピンなどには名目的な独立を許したが、本質においては占領地と変わるところはなかった。

2. 世界の情勢

世界恐慌は世界の国々の進路にさまざまな影響を及

ぼした。

　ドイツではナチス（民族社会主義ドイツ労働者党）
の台頭があった。ドイツ国民は第一次世界大戦後の国
際的に過酷な扱いからナチスの国粋主義に強くひかれ、
1932年（昭7年）、恐慌の最中にナチスに第一党の地
位を与えた。

　1933年（昭8年）、政権の座についたヒトラーはた
だちにナチス党以外の政党を禁止した。

　その後ヴェルサイユ条約（1919年・大8年）に違
反して膨大な軍隊を作りあげ、1936年（昭11年）に
はラインラントに進駐、1938年にはオーストリア、
1939年にはチェコスロヴァキアを併合した。

　このようなドイツの動きに対し、1938年（昭13
年）のミュンヘン会議において、英仏は大幅な対独融
和でこれを認めたが、対立は深まるばかりであった。

　イタリアも領土問題などでヴェルサイユ条約に不満
を持っていた。1922年（大11年）、ムッソリーニの
ファシスト党は独裁政権を樹立しており、1936年
（昭11年）にはエチオピアを征服、1939年（昭14
年）にはアルバニアを占領、ドイツと手を握った。

　そして1940年（昭15年）、ヨーロッパのドイツ、イ

タリアと、東洋において孤立を深めていた日本が、日独伊三国同盟を結ぶに至った。このような情勢のなかでソ連は社会主義体制の確立のためできる限り対外紛争を避けようとし、1939年（昭14年）、ドイツと不可侵条約を結んだ。

　一方アメリカでは、1933年（昭8年）、大統領に就任したルーズベルトはニュー・ディール政策でどん底の不況に立ち向かい、大規模な公共事業、労働組合への積極的支援を進めていた。

　また対外的にはソ連を承認し、独日の侵略政策を民主主義の敵として非難し続けた。アメリカは第二次世界大戦の当初は中立を守り、もっぱら武器や資金で英仏などの連合国側を支援していた。

　1939年（昭14年）、ドイツはさらにポーランドに対して回廊地帯への要求を提出した。イギリスもここでドイツのこれ以上の進出を阻止することを決意し、ポーランド、ルーマニアなどと軍事同盟を結んでこれに対抗した。

　1939年（昭14年）9月、ロシアとの不可侵条約で後顧の憂いを断ったドイツは、ポーランド侵攻を開始し、英仏がドイツに宣戦して第二次世界大戦が始まっ

たのである。

　一方、ドイツがポーランドに侵入すると、ソ連は突如としてポーランド東部を占領し、ルーマニアからその領土の一部を割譲させた。さらにエストニア、ラトヴィア、リトアニアを併合、フィンランドに宣戦、これを占領した。

　ソ連はこれらすべてを1939年（昭14年）から40年夏にかけてヨーロッパの戦乱に乗じて実行したのであって、この時期のソ連の行動は侵略行為そのものと言えよう。

　さてドイツは1940年（昭15年）、まずデンマーク、ノルウェーを征服、オランダ、ベルギーに進撃して、フランス国内に侵入した。

　イタリアもドイツ側について参戦し、6月フランスは降伏した。さらに1941年（昭16年）にはユーゴスラヴィア、ギリシャを征服、向かうところ敵なしの観を呈した。

　また同じく1941年、ドイツはソ連に戦端を開き、アジアでは日本が太平洋戦争を始め、アメリカが対独、対日戦に参入した。

　ドイツは当初ヨーロッパ・ロシアの大きな部分を占

領したが、米英を中心とする連合軍の反撃が徐々に功を奏し、1943年（昭18年）にはソ連戦線で敗北、またイタリアが降伏した。

1944年にはパリが解放され、ドイツはフランスから撤退した。

1945年（昭20年）4月30日、ヒトラーは自殺し、5月ベルリン陥落でドイツはついに降伏した。

同年8月8日にはソ連の対日宣戦布告、15日の日本の降伏で第二次世界大戦は幕を閉じたのである。

この戦争の人的、物的被害は前の第一次世界大戦に比して甚大なものであった。特に一般市民のそれが大きかった。

もはや戦争は軍人のみが戦場で戦うものではなくなり、国をあげての総力戦となったのである。ちなみに一般市民など非戦闘員の死者は、前大戦の50万人に対して2000万〜3000万人と推定されている。空襲、集団虐殺、ゲリラ戦、流浪などによるものである。

軍人の死者は前大戦の1000万人に対して1600万人であった。

戦後は戦争の反省のうえに立って、平和のための国際連合、経済の復興、発展のための国際通貨基金

（IMF）、世界銀行、ガット（GATT：関税貿易一般協定）などの国際機関が相次いで設立され、世界は新しい時代に入るのである。

おわりに

　20世紀は二つの世界大戦を含めた戦争の世紀として、人類の歴史に記録されることであろう。

　そこで第一次世界大戦から第二次世界大戦に至る間の日本の動き、世界の動きを、主として経済や社会を中心として捉えてみたいというのが最初の意図であった。だが力及ばず、結果としては年表の恣意的な羅列に終わってしまった。

　しかしその時代の雰囲気は、おおよそ出せたのではないかと思っている。

　いまこの時代の歴史を改めて振り返ってみて、ことの善悪は別として、後発資本主義国の植民地争奪戦への参入と、これを阻止しようとする先発組の既得権確保の争いの面が強いように思える。

　後発組の歩もうとした道は、先発組がかつて歩んだ道であったと言えないこともない。その意味では第二

次世界大戦を民主主義対ファシズムの戦いと、単純には割りきれないようにも思えるのだが。

　ただ第一次世界大戦の場合はともかくとして、第二次世界大戦については前大戦の教訓を汲んで、もっと別な行き方があったのではないかとの思いもある。

　たとえば日本の場合、大正デモクラシーの時代がその転換のチャンスだったかもしれない。しかしすべては過去のできごととなった。

　時代はすっかり変わり、いまのところ大きな戦争や対立が起こる可能性は減ってきた。とはいえ状況が変わっても、われわれがここから学ぶべきことも多いと思われる。

　この時代の歴史を見ながらのもう一つの印象は、日本に権力の交替はあっても、市民革命はあり得なかったのでないかということである。明治維新は武士階級間の権力の交替で始まった。

　そしてそれ以降も民主主義の育ちそうな芽はあったものの、ついに育たず第二次世界大戦を迎えた。

　しかし敗戦によるアメリカの占領は、一種の市民革命の役割を果たしたのではないか。もっともその代償はあまりにも大きかった。

また、もしも敗戦がなかったら、たとえばもっと早い段階で、講和などで戦争が終わっていたとすれば、日本はどうなっていただろうかと、時に考えることがある。

　独断と偏見を許してもらえるなら、少なくとも今日よりは貧しく、暗い、そして恐らく軍部を中心としたいくぶんかは独裁的な政府を持つ社会になっていたのではなかろうか。むろん戦争放棄の憲法などない。国民は兵役の義務を負い、徴兵制が敷かれていただろう。核兵器も造っていたかもしれない。

　日本人はすばらしいエネルギーを持つ民族であると思う。このことはこの時代の歴史も、そしてなによりも第二次世界大戦後の高度成長の経済大国の成果が示している。

　良かれ悪しかれ一定の方向が与えられれば、一斉にまっしぐらに突き進む。それはしばしば行きすぎを生むこともある。それだけに恐ろしいが、半面御されやすい一面もある。

　15年戦争にしても、軍部の独走のように言われ、軍国主義の張本人として非難されてきた。そのとおりと思う。だが多くの国民が戦争を支持し、戦況に一喜

一憂していた事実を忘れるわけにはいかない。そうでなければ、いかに独裁国家であろうとあれだけの無謀な戦争を長期間続けることは不可能であったろう。

　もっともこれは、明治時代以来の天皇を中心とする忠君愛国、富国強兵の国民教育、そして特に満州事変以降の軍国主義教育が徹底的に行われたことが大きな要因であろう。

　そのうえに政府の巧みな世論操作などがあった。戦争の結果については正確な情報が与えられず、むしろ日本にとって有利な偽りの情報しか与えられなかったこと、さらに言論、思想、信条の自由が徹底的に取り締まられたことなどの事情が、多くの国民の判断を狂わせ、より大きな犠牲を強いる結果になった、とも思われる。

　今後、日本が国際社会のなかで平和に賢明に生きていくためには、絶対にこのような過ちを犯してはならないのである。

（参考文献）

中村隆英『昭和経済史』 岩波書店 1986

山口和雄『日本経済史』（経済学全集） 筑摩書房 1968

後藤靖 他『日本資本主義発達史』 有斐閣 1979

山田盛太郎『日本資本主義分析―日本資本主義における再生産過程把握』 岩波書店 1977

塩澤君夫 他『経済史入門』 有斐閣 1979

日本経済新聞社編『昭和の歩み１ 日本の経済』 日本経済新聞出版 1988

日本経済新聞社編『昭和の歩み２ 日本の産業』 日本経済新聞出版 1988

日本経済新聞社編『昭和の歩み３ 日本の会社』 日本経済新聞出版 1988

久保田晃・桐村英一郎『昭和経済六〇年』 朝日新聞社1987

朝日ジャーナル編『昭和史の瞬間』（上・下） 朝日新聞社1966

井上 清『日本の歴史（下）』 岩波新書 1966

林健太郎『世界の歩み（下）』岩波新書 1950

今井清一『大正デモクラシー』 中央公論社 1966

大内 力『ファシズムへの道』 中央公論社 1967

林 茂『日本の歴史25 太平洋戦争』 中央公論社 1967

江口朴郎 他『世界の歴史14　第一次大戦後の世界』 中央公論社　1962

村瀬興雄 他『世界の歴史15　ファシズムと第二次大戦』 中央公論社　1962

第2話
太平洋戦争後の日本

＊本項は平成5年（1993年）、龍谷大学大学院経済学研究科修士コース社会人入学の際の提出論文に、一部手を加えたものです。

1. 戦後復興の時代

　昭和20年（1945年）8月15日、日本の終戦の日で
あった。わが国は連合国のポツダム宣言を受諾し、第
二次世界大戦はこの日、幕を閉じた。日本の無条件降
伏であった。昭和18年にはイタリア、20年5月には
ドイツが、それぞれ連合国に無条件降伏をしていた。

　アメリカ空軍による連日のような本土の軍事施設、
工場、都市への空爆、そしてついには広島、長崎への
原子爆弾の投下は、わが国の戦力に完全にとどめをさ
すものであった。終戦とともに、わが国は朝鮮、台湾
の独立や分離、満州国の消滅により30％の領土を
失った。戦時中には軍人、さらには民間人、都市住民
に多数の死傷者を出し、国土は荒廃し焦土と化してい
た。

　終戦の1年前には、本土とその周辺の制空権、制海
権はアメリカ側に帰し、軍需生産、国民生活に必要な
資源、物資は輸入の道を閉ざされていた。南方の戦線
においても緒戦に勝ちとった占領地を次々と奪回され
ていた。国内でも、学生は学徒動員で戦場に駆り出さ

れ、中学生、女学生も工場や食糧増産に動員されていた。都市の住民の多くは地方に疎開し、あるいは焼け跡のバラック小屋にわずかの食糧や生活必需品の配給を受けて生活するというありさまであった。しかし彼我の戦力の差は歴然としており、わが国は戦争に敗れ、苦しくて長い戦後復興がスタートするのである。

　当時のわが国経済の状況を見ると、鉱工業生産は戦前の昭和9〜11年（1934〜1936年）平均の30％、農業生産は同じく60％に落ち込んでいた。このような極端なモノ不足が悪性インフレの原因となり、家計、企業、政府すべてが貧窮のどん底にあった。特に食糧の不足はきわめて深刻であった。

　戦後、わが国は連合軍の占領下に置かれ、GHQ（連合国最高司令官総指令部）の支配、指示に基づく民主化政策が実施されることになった。と言っても実質はアメリカの支配下に置かれ、政策もアメリカの影響を強く受けたものが実施された。

　具体的なものとしては、経済面では集中排除、財閥解体、農地解放などがあり、政治、社会面では戦犯の裁判、戦時勢力の追放、新憲法発布、労働諸法の制定などがあった。これらのどれ一つをとってみても、

GHQという絶対的な権力なしには成し得なかった大改革であった。それだけに戦後の混乱した社会に大きなインパクトと摩擦を生ぜしめるものであった。

　しかしその後の経過から見るとき、わが国の戦後経済の発展に必要な競争を促し、活力を高める原動力になったことは否定できないであろう。たとえば集中排除、財閥解体は独占を排し、企業間の自由競争と創意を育むことに貢献した。また農地解放は戦前の地主・小作農の関係を断ち切り、小作農を自作農に転換させることによって、食糧の増産と農村の民主化を促進した。

　このような諸制度の制定とともに戦後のわが国の緊急の課題は経済復興、すなわち生産力の増強、それに食糧の確保、インフレ退治であった。

　経済復興のとりあえずの手段として考えられたのが、傾斜生産方式であった。当時、石炭と鉄が必須の基礎生産財であった。そこでまず、鉄を荒廃した石炭採掘の設備に投入し、増産した石炭を鉄鋼生産のエネルギー源に集中投入する。このようにして石炭、鉄鋼の生産を確保、次いで電力、肥料など増産をめざすものであった。

食糧は戦後、遅配、欠配が続き、昭和21年（1946年）の復活メーデーは食糧メーデーと言われた。22年（1947年）には東京地裁の山口判事が栄養失調で死亡するという、現在の飽食時代には想像もできない痛ましい事件が起きている。人を裁く身で闇の食糧を手に入れることはできない、ということであった。一千万人が餓死するとまで言われた食糧危機も、アメリカの援助でなんとか切り抜けることができた。

　モノ不足にインフレが発生するのは古今東西を問わない。戦後インフレはわが国にとって空前絶後のものであった。政府は昭和21年（1946年）金融緊急措置令で新円切り換えを実施したが、一時的な効果にとどまった。モノの絶対的な不足に加えて、復興金融公庫の日銀引き受けの復金債による主要産業への融資、財政の石炭、鉄鋼への価格差補給金の支給、さらには賃金上昇などがすさまじいインフレを招く原因となった。昭和20〜24年（1945〜49年）の5年間に小売物価は80倍、卸売物価は60倍の高騰ぶりであった。

　このような日本の経済混乱に対処するため、昭和23年（1948年）、GHQは経済安定9原則の実施を指示し、翌年ドッジ・ラインが展開されることになった。

ドッジは「日本は竹馬経済だ。竹馬の片足はアメリカの援助、他方は国内の補助金。竹馬の足をあまり高くしすぎると転んで首の骨を折る」と警告した。古典派経済学を信念としていた彼は、均衡予算、補助金の削減、復金債の発行禁止などの荒療治を実施し、さしものインフレも急速に収まっていった。

しかし半面、デフレ効果の浸透も著しかった。成長率は大幅に低下し、人員整理は50万人を超えた。

この不況のさなかの昭和25年（1950年）、朝鮮戦争が勃発し、それから3年間続き、休戦になる。その頃すでに生じていた米ソの対立に源を発する東西冷戦が、南北に二分されていた朝鮮半島を舞台として熱戦に至ったものであった。ところがこの戦争が日本経済の救いの神となった。

アメリカ軍の発注によるいわゆる特需と第三次世界大戦への不安から出てきた世界的な需要増加で輸出が急増したことで、わが国経済は思いがけないブームに沸くことになるのである。このブームによって経済水準もようやく戦前並みに回復した。

しかし朝鮮戦争が休戦になると、輸出が減り国際収支が赤字となって、金融引き締めが実施された。もち

ろん特需もなくなり、昭和29年（1954年）は不況の年となった。やがてこの不況を経て、わが国経済は昭和30年代の高度成長時代に入っていく。

この間の政治、社会の主なできごととしては次のようなものがあった。

学制改革による新制大学が各地に誕生（昭和24年、1949年）、その後の日本の税制の根幹となった直接税中心のシャウプ税制の実施、連合国の日本、ドイツに対する賠償放棄（昭和25年）、サンフランシスコ平和条約によって日本は被占領国から独立国へ、日米安全保障条約の発効、米ソ対立を反映して、アメリカの対日政策の変化による警察予備隊（今日の自衛隊の前身）の設置（昭和27年）、テレビ放送の開始（昭和28年）などである。

2. 高度成長の時代

昭和31年度（1956年）の経済白書は次のように述べている。

「もはや戦後ではない。われわれは異なった事態に直面している。回復を通じての成長は終わった。今後の

成長は近代化によって支えられる」

　わが国も被占領国から独立国に脱皮し、国際社会の一員として復活した。一方、経済面においては戦後の復興に一段落をつけ、いよいよ自前の経済へと前進していく態勢が整ってきたという意味であろう。

　事実、鉱工業指数は昭和25年（1950年）にすでに戦前（昭和9〜11年〈1934〜1936年〉平均）の水準を突破し、また実質国民総生産は26年（1951年）に、消費水準も28年（1953年）に戦前水準を回復している。朝鮮特需や独立、国際社会への参入を契機としてアメリカなどからの新技術の導入に助けられたことが大きかったが、この頃からわが国産業の合理化、近代化が徐々に進められ、高度成長の基礎が築かれたのである。

　具体的には鉄鋼、繊維、造船、自動車、石油などの基幹産業の成長であった。エネルギー革命が起こり、石炭から電力、石油の時代へと変わった。その背景には中東油田の相次ぐ発見、石油の大量生産による価格の低下があった。

　昭和29年（1954年）の不況は金融引き締め、財政抑制政策の効果が比較的早く現れ、その秋には輸出の

増加がテコとなって好況が訪れることになる。

　この好況が、昭和32年（1957年）半ばまで続く神武景気である。建国以来の好況ということで名づけられたものである。神武景気は、物価安定のもとでの経済成長が広い分野で、しかも大規模に達成されたという特徴があった。その意味で数量景気と言われた。

　このインフレなき拡大の背景として日銀は次の理由をあげている。第一に輸入物価の安定、第二に昭和27～28年（1952～53年）に行われた民間設備投資の生産力化、第三に企業の合理化の進展、労働生産性の向上、第四に金融情勢の落ち着きの四点である。まさしく昭和20年代末期の合理化、近代化への準備が花開いたといった感じであった。

　この数量景気は当然のことながら次の生産のための設備投資景気へとつながっていった。昭和31年度（1956年）の設備投資は前年比40％に近い実質成長率を記録したのである。

　しかし設備投資ブームはやがてボトルネック現象に直面し、物価上昇、さらにまたもや国際収支の悪化を招いた。その結果、公定歩合の引き上げ、財政投融資の繰り延べなどの引き締め政策が実施され、景気は下

降局面を迎えた。生産、物価は急落し、鍋底不況と言われた。

　ところが、鍋底を這うような低水準に推移したこの不況は、一年後には予想外のV字形の急回復となった。

　昭和33年半ばから36年末（1958～1961年）まで42カ月にわたった、世にいう岩戸景気である。この間の35年（1960年）、池田勇人内閣が成立し、国民所得倍増計画、わかりやすく言えば月給二倍論を打ち出した。以後わが国は経済成長至上主義へと傾斜を強めていくことになった。これは前の岸信介内閣時代の日米安保騒動のなかで高まった国民の政治的関心を、経済へ転換させるねらいを持つスローガンでもあった。

　また同時に、戦前を上回ったとはいえ絶対値ではまだまだ低水準のわが国経済を、欧米並みに引き上げようとの積極的意欲の表れでもあった。当時、フランスを訪れた池田首相を、ドゴール大統領がトランジスター商人と評したことは有名な話である。経済至上主義の芽生えと言えよう。

　しかし岩戸景気もこれまでと同じく国際収支の悪化が直接の原因となって、金融引き締めが行われ終息を

迎えることになった。その後、昭和38～39年（1963～64年）にかけて東京オリンピック関連の公共事業、民間の設備投資が活発化し、オリンピック景気が経済を潤した。だが、これも一時期のものに終わった。38年（1963年）末には、またもや国際収支が赤字となり経済は調整局面となり、39年（1964年）後半から不況が深刻化していくのである。

岩戸、オリンピック景気後の不況の直接のきっかけは国際収支の悪化であったが、その基本には生産力過剰現象があった。投資が投資を呼ぶかたちで拡張された設備投資が生産力化し、需要の壁にぶつかったということである。これを企業サイドから見ると、金利負担と設備の償却費がかさみ、売り上げの落ち込んだ企業の収益を大きく圧迫したのである。すでに昭和37年（1962年）の経済白書はこの点を指摘し、設備投資主導型からの転換期と呼んでいる。

昭和30年代を振り返ると、二度の大型景気に象徴されるように、わが国の戦前、戦後を通じて初の本格的な高度成長の時代であった。この間の実質の年間平均成長率は9.8％の驚くべき高さである。ちなみに20年代のそれは9.2％である。数字の単なる比較ではさ

ほどの差はない。しかし20年代の経済規模が非常に
小さかっただけに、成長率が高くてもさして不思議で
はない。それに対して30年代の経済規模ははるかに
大きく、この成長率は世界の先進国のなかでも群を抜
くものであった。

この高い成長力を持続させた原因やこの時代の特徴
については、次のようなことが考えられる。

まず第一に設備投資が新たな設備投資を呼ぶという
投資の循環が経済拡大の原動力になったことである。
そして設備投資は主として借金によって賄われたので
あるが、その背景には政府の積極的な金融機関の育成
と整備政策があった。

第二に技術革新の広範な分野における進展である。
生産、輸送、通信の分野はもちろんのこと、マーケッ
ティング、流通機構、労務管理などにまで及ぶもので
あった。

第三に貿易の増大、海外からの技術、資金の導入が
外部要因としてあげられる。高度成長に不可欠の石油
や原材料が大量にしかも比較的安く輸入できた。すぐ
れた海外技術の導入は技術革新に欠かせないもので
あった。また設備投資の資金として、世界銀行や海外

の金融機関からの借り入れも大きく貢献した。海外からの借り入れは鉄鋼、電力などの基幹産業や新幹線建設にも利用された。

　第四に消費革命とも言える大衆消費社会への世の中の推移である。この時代の消費ブームの主役は家電製品を中心とする耐久消費財であった。昭和30年代後半、三種の神器ブームは流行語となった。洗濯機、テレビ、冷蔵庫はほとんどの家庭へ普及した。スーパーマーケットが生まれたのもこの時期である。そして大量生産、大量販売方式は大衆消費社会とかたく結びつき、両者が因となり果となって互いの発展を促進させることになった。

　以上、高度成長の原因について述べたが、一方、高度成長はわが国の産業構造に大きな変革をもたらした。

　すなわち、農林業などの第一次産業の比重が低下し、鉱工業を中心とする第二次産業の比重がいちじるしく高まったことである。しかも第二次産業の内容も天然繊維、雑貨などの軽工業から鉄鋼、電機、自動車、石油など重化学工業へとシフトしていった。昭和30年（1955年）、GNPに占める比率が22.7％であった一次産業は、36年（1961年）には13.5％と低下し、それ

がほぼそのまま二次産業に上積みされた。これにともない若年、壮年層の農村から都市への大規模な移動が起こった。かあちゃん、じいちゃん、ばあちゃんが農作業の担い手になるという「三ちゃん農業」の言葉がはやったのもこの時期である。またブームの中で、わが国は人手不足時代を初めて経験することになった。

昭和30年代の政治、社会の主なできごととしては、日ソ国交回復（31年、1956年）、ダイエー大阪1号店開店、ソ連、世界初の人工衛星スプートニクの打ち上げ（32年、1957年）、名神高速道路、東海道新幹線の開通、東京オリンピックの開催（39年、1964年）などがあった。

3. 管理貿易から自立貿易へ

戦後のわが国の貿易は、GHQの指令に基づき政府の管理のもとに行っていた。民間主導の貿易は許されていなかった。

わが国は資源が乏しく、石油、鉄鋼石、綿、大豆など産業の原材料はほとんど輸入に頼らざるを得ない状況にあり、戦前からの貿易立国であった。特に戦争に

よってストックのすべてを失った戦後は、食糧や復興のための原材料の輸入は不可欠であった。

　しかし当初は外貨蓄積もなく、食糧はアメリカの援助という形での輸入の恩恵を受けていたのである。事実、昭和24年（1949年）頃までは輸入の半分以上はアメリカの食糧などの援助輸入であった。輸入に必要な貴重な外貨を得るための輸出も、当初は政府がGHQの指示によって物品を買い上げて、それを輸出するという形をとった。

　そして昭和22年（1947年）、制限つきながら民間貿易が再開されることになった。

　その頃の為替レートは複数レート制であった。つまり商品ごとに時価などを勘案した別々のレートが設定されていたのである。たとえば昭和24年（1949年）初め頃の輸出品は生糸、綿布、缶詰、陶磁器などであったが、米ドル1ドルが300〜600円程度であった。一方、輸入品は食糧、鉄鋼石、重油、小麦、綿花、ラワン材などであったが、1ドルが80〜300円程度であった。また当時、西側世界の基軸通貨はドルとポンドであったが、かつて世界を支配したイギリス・ポンドは次第に力を失い、その後アメリカ・ドルが絶対的

優位を保ち続けることになる。

　昭和24年（1949年）4月、アメリカの強い意向で1ドル360円の単一固定為替レートが決定された。このレートはニクソン・ショック後のスミソニアン体制による円切り上げまで22年間続くことになった。

　当初、このレートはわが国にとって輸出入ともに過酷なものとされ、特に輸出が心配された。しかし心配された輸出も昭和24年（1949年）の初年度、ドッジ・デフレによる不況が輸出の増加につながり、前年度に比し倍増し、なんとか360円レートを定着させることができた。これは当時、飢餓輸出と呼ばれた。つまり国内の消費をきりつめてでも輸出することによって、輸入のための外貨を稼がざるを得なかったということである。

　だが360円レートは当時のわが国にとって、かなりの円高であったことは間違いなく、その後も好況期のたびに輸入超過が国際収支の悪化を招き、それが金融引き締めから景気後退への引き金となるパターンが繰り返されたのである。後のことになるが、朝鮮戦争の特需景気、神武景気、岩戸景気はいずれも国際収支悪化による外貨不足が原因で好況の幕を閉じている。

また当時は外貨不足のため、為替の制限が厳しかった事情もあったが、ドル不足がはなはだしく闇ドルの売買も盛んであったと言われた。1ドル500円とも、600円とも言われたものである。

　昭和20〜30年代を通じて、外貨準備高はせいぜい10億〜20億ドルが最高で、今日とは比較にならない金額であった。したがって好景気で輸入が増え、輸出が減ると、外貨準備はたちまち底を割るという弱い体質であった。

　わが国は独立後の昭和27年（1952年）、IMF（国際通貨基金）に、昭和30年（1955年）にはGATT（関税貿易一般協定）にも加入し、国際社会の一員としての一歩を踏み出したのである。

　そして、朝鮮戦争の特需ブームで外貨危機に陥り、昭和28年（1953年）、加入したばかりのIMFから早速、限度いっぱいの借り入れをすることになった。それでも翌29年（1954年）には外貨準備6億ドルに落ち込むありさまであった。

　しかし、この外貨危機も同年中には上向きに転じ、神武景気の昭和31年（1956年）には船舶の輸出量が世界一にまでなった。

昭和34年（1959年）にはアメリカとの貿易で、輸出入の差が戦後初めての黒字となった。

　また前年の昭和33年（1958年）には、イギリス、フランス、西ドイツなど西欧諸国が通貨の交換制を回復した。これら諸国は経済力をつけ、戦後のドル不足も解消していたのである。

　このような内外の情勢から、わが国に対する貿易自由化などの要求がにわかに高まり、昭和35年（1960年）、政府は「貿易為替自由化計画大綱」を閣議決定し、38年（1963年）には自由化率を92％にまで引き上げた。

　ここに言う自由化とは輸入の自由化のことであり、わが国は外貨の不足と産業の保護のため、当時、自由化率（輸入総額に占める自由化品目の割合）を40％に抑え、その他の品目には政府による外貨割り当て、数量制限などを実施していた。ちなみに欧米では自由化率はすでに90％以上に達していた。

　わが国はこのような自由化の流れのなかで、昭和38年（1963年）にはGATT11条国に移行し、国際収支を理由とする輸入制限ができなくなった。次いで39年（1964年）にはIMF8条国に移行し、国際収支を

理由とする為替制限ができなくなった。これによって従来から行われていた外貨予算制度による輸入割り当て制も廃止された。

　また同年OECD（経済協力開発機構）に加盟し、先進国クラブの一員となったが、一方では資本取引の自由化を義務づけられることになった。これ以後、わが国は開放経済体制に入っていくのである。

　これらの措置により、貿易、海外旅行、外国への資本の相互移動などが大幅に自由になり、わが国は世界の先進諸国の仲間入りを果たすことになった。

　しかしこれらの自由化は欧米諸国、特にアメリカの強い意向に添ったものであっただけに、当初、産業界はもちろんのこと国民も国際競争力に不安をいだき、企業の倒産や失業を恐れて反対の立場をとった。

　だが度々の国際収支の悪化に悩みながらも、結果的には企業の合理化、近代化努力を促し、高度成長の経済力で危機を乗り越えることができたのである。

　この間、国内の経済構造の変化を反映して、貿易の中身も変わっていった。特に輸出では軽工業品、とりわけ繊維製品の比率が激減し、船舶、機械、家電製品、二輪車など重化学工業品が著しく増加するようになっ

た。

　また輸出先はアメリカ、東南アジアなどが主なところであった。しかし当時はまだ国際競争力も十分とは言えず、政府は輸出入銀行の融資制度、税制面の優遇などで輸出奨励措置を講じていた。

　特に東南アジアへの輸出に戦争賠償が果たした役割は大きかった。賠償は昭和29年（1954年）のビルマ（現・ミャンマー）を手始めにフィリピン、インドネシア、南ベトナムなどに支払われたが、商品または役務の形で行われることが多かった。これが船舶、鉄鋼、機械などの輸出となって東南アジアとの貿易の増加となったのである。

　また昭和30年頃（1955年）より工場の海外進出が始まった。この時期のものとしては、アラビア石油の開発事業昭和33年（1958年）、ブラジルのウジミナス製鉄所の建設昭和32年（1957年）、アラスカ・パルプの建設昭和28年（1953年）などが代表的なものであった。これらは原材料の確保、海外市場の開拓などをめざしたものであった。

4. 経済のゆがみと波乱の時代

　昭和30年代はまさしく経済の時代であり、経済基盤の生成期であった。しかし、あまりにも急激な経済成長はさまざまのゆがみを生んだ。言わば成長の陰の部分であり、そのなかには今日に尾を引く問題もあった。

　たとえば、石油コンビナート、臨海工業地帯は公害発生の原因となった。重化学工業化重視の政策は生活環境の整備の遅れ、社会資本の立ち遅れ現象を生み、その傾向は今日まで続いている。また所得倍増計画など成長至上主義は、国民生活の量的拡大を急ぐあまり質的部分がおろそかにされた面があり、経済政策の哲学の欠如とも言えよう。当時すでに「くたばれGNP」の声もあがっていたのである。

　昭和39年（1964年）末、東京オリンピック景気後の不況のなかで発足した佐藤栄作内閣は、高度成長のひずみ是正をスローガンにかかげた。そして40年代のわが国は国内的にも国際的にも時代の転換期を迎え、困難と変化の時期となった。

昭和39年（1964年）秋から始まった不況は構造不況と言われ、戦後最大のものであった。日本特殊鋼、サンウェーブ、山陽特殊鋼など大企業をふくむ倒産件数も記録的であった。

　さらに株価が暴落して、昭和40年（1965年）の山一證券の経営危機にさいしては、日銀が特別融資を実行して証券の信用不安に対処せざるを得ない事態となった。

　この不況にさいして政府は、ドッジ・ライン以来の財政収支均衡主義から一歩踏み出し、積極財政への転換を決定した。景気が総需要不足、構造不況の様相を示し、金融緩和のみでは経済活動は上向かず、経団連などの強い要望で赤字国債発行へと財政政策の転換をせざるを得なかったのである。

　その結果、昭和40年度（1965年度）、2000億円の赤字国債、41年度（1966年度）、7000億円の建設国債が発行された。戦時中の軍費調達のための国債、戦後の基幹産業育成のための復金債などいずれも日銀引き受けのものであったが、これが悪性インフレの原因となった。このため国債発行には政府、国民のあいだにも拒絶反応が強かった。その苦い経験から今回の発行

は市中消化を原則とした。

　しかし、この原則は守られたものの、最初は慎重であった政府もその後、建設国債を毎年のように発行し、オイル・ショック後には赤字国債の発行も加わることになったのである。建設国債は公共資産形成のためのものであり、赤字国債は政府の一般経費のためのものである。それだけに赤字国債に対する風当たりは強いが、いずれにしても後世にツケを残すことには変わりはない。

　当初は長びくと予想されたこの不況も、輸出の好調をきっかけとして昭和40年（1965年）9月に底入れし、10月から景気は上向きに転じた。その後、45年7月（1970年7月）まで実に57カ月にわたる好況が続いた。これが、いざなぎ景気である。神武、岩戸、いざなぎと戦後最長、最大の記録を更新していった結果、名づけられたものである。

　この好況を支えたのは、さらに大型化、高度化した市場の拡大と経済の国際化に裏づけられた輸出の好調であった。消費も三種の神器から3Cブーム（カー、クーラー、カラーテレビ）と高度化した。

　特にこの時期には、コンビナートなど規模の利益を

生み出す大規模投資、貿易増大の定着による輸出向け設備投資、省力化、公害防止など社会環境の変化に対応する投資の拡大が著しかった。

　ちなみに昭和40〜45年（1965〜70年）の実質平均成長率は10％という高いものであった。また国民総生産の国際比較では、41年（1966年）にはフランスを、42年（1967年）にはイギリスを、そして43年（1968年）には西ドイツを抜き、アメリカに次ぐ自由世界第2位となった。

　もっとも一人当たりでは20位前後にとどまり、単純に喜べるものではなかったが、欧米先進国へのキャッチ・アップの第一歩であったことは間違いなかった。

　この好況もやがて物価の高騰が続き、日銀は予防的金融引き締めを実施するに至り終息の段階を迎えた。

　この回の引き締めは従来のパターンであった国際収支悪化によるものでなかった点に大きな変化が見られた。

　わが国は昭和20〜30年代、国際収支（経常収支）の悪化に悩まされてきた。外貨の蓄積も少なかった。好況が続くと必ず国際収支の壁に突きあたり、その度

に引き締め政策を実施しなければならなかった。

　それが昭和43年（1968年）以降、国際収支の黒字が定着するようになり、外貨蓄積も順調に進んだ。これは産業の国際競争力が強くなった結果、実質的な円高になったためと見られる。

　そのような状況のなか、昭和46年（1971年）8月アメリカは突如、金、ドル交換停止を宣言した。いわゆるニクソン・ショックである。強い円は切り上げの矢面に立たされ、東京外為市場には円買い、ドル売りが殺到した。株式は史上最大の下げとなり、経済は混乱状態となった。円高を嫌ったためであった。

　結局その後のスミソニアン体制のもとに円切り上げ、ドル切り下げが決定し、さらに一年の後、世界の為替制度は固定相場制から変動相場制へと移っていくのである。

　ニクソン・ショックに際し、政府は輸出関連産業の打撃をおそれ、急激な円切り上げをできるだけ避けようとの方針をとった。そのため不況対策もあって調整インフレ的な積極財政、金融政策を採用した。しかし円は1ドル360円の固定相場から308円の切り上げにもかかわらず、輸出はさしたる打撃は受けず、昭和

46年（1971年）末を底に景気は回復に転じた。

　そのような状況のなかで、昭和47年（1972年）半ばに登場した田中内閣は日本列島改造論をかかげ積極財政政策を展開した。

　いわゆる列島改造ブームである。当時すでに、金融緩和と過剰流動性のなかで不動産や株式投機が盛況となっていただけに、この積極財政は特に土地投機の火に油をそそぐ結果となり、土地の値上がり、さらに全面的なインフレへと進んでいったのである。

　昭和48年（1973年）初めからオイル・ショックまでの10カ月間に消費者物価は十数％も上昇したのである。

　このインフレに追い討ちをかけたのが、昭和48年（1973年）10月に第四次中東戦争をきっかけとして起こった前述のオイル・ショックである。原油価格はたちまち4倍に高騰した。

　石油製品はもちろんのこと砂糖、洗剤、トイレットペーパーなどの日常生活用品までが、買い溜め、売り惜しみの対象となって市場から姿を消す始末であった。狂乱物価のパニック状態に陥ったのである。

　政府、日銀は5度にわたる公定歩合の引き上げ、公

共投資の繰り延べなどでこれに対処した。列島改造計画にも終止符が打たれた。

　そして昭和49年度（1974年度）は消費者物価21.9％という異常上昇のもとで、実質成長率マイナス0.2％を記録した。マイナス成長は戦後初めてのことであった。インフレと景気後退が共存する、いわゆるスタグフレーションの現象が起こったのである。

　それでも、昭和40年代の年平均の実質成長率は8％と高いものであった。しかし、その内容を見ると、前半のいざなぎ景気終息までの6年間は10％と高く、ニクソン・ショック以後の4年間は4.7％であった。後半には明らかに次の低成長時代への転換が見られたのであった。

　昭和40年代、高度経済成長のひずみとして注目すべきことが起こった。石油コンビナートや工業開発地域で公害問題が表面化したことである。大気汚染、水質汚染、地盤沈下、騒音、悪臭などである。これらの現象は30年代にすでに部分的に起こっていたことであったが、当時、企業ばかりでなく国や自治体にも問題意識はなく、コンビナートなどは花形産業としてもてはやされていた。

しかし昭和42年（1967年）、四日市ぜんそく患者が起こした損害賠償請求の裁判は公害問題の重要性、深刻さを浮き彫りにするものであった。その後、水俣病、イタイイタイ病の提訴が相次ぎ、政府もようやくことの重大さを認めるに至り、42年に公害対策基本法が公布され、46年（1971年）には環境庁（現・環境省）が設置された。

　一方、産業界もこれに敏感に反応し、公害防止関連産業が発達した。高度成長が公害を生み、それを防ぐための産業がさらに高度成長を促すという皮肉な結果となった。まさしく高度成長のひずみの最たるものであったと言えよう。

　昭和40年代の主な政治、社会的事件としては、大学紛争の全国的広がり（43〜44年、1968〜69年）、大阪万国博開催（45年、1970年）、沖縄返還（47年、1972年）などがあった。

5. 低成長の時代へ

　昭和50年代は第一次オイル・ショック後の不況のなかに明けた。日本経済は49年度（1974年度）のマ

イナス成長を経て、不況は一応の底をうち回復に転じた。しかし一本調子の回復とはいかず、景気対策に支えられながらの一進一退を繰り返した。

　特に昭和50年（1975年）には赤字国債の本格的発行に踏み切った。国債の発行は40年度（1963年度）の赤字国債2000億円で始まったが、40年代は建設国債のみの発行にとどまり、毎年、せいぜい数千億円から2兆円程度であった。それが50年度（1975年度）には、オイル・ショックの後遺症を乗り切るための景気対策と極度に落ち込んだ税収補塡のため、建設国債5兆3000億円、赤字国債2兆1000億円と一挙に膨らんだのである。

　その後、国債の発行はうなぎ昇りの経過をたどり、昭和55年度（1980年度）には21兆円を突破している。財政再建が叫ばれる一方、63年度（1988年度）にやっと10兆円を割る規模にまで減り、平成の好況に助けられて、平成3年度（1991年度）には赤字国債の発行ゼロにまでこぎつけた。しかし4年度（1992年度）の残高は174兆円に達し、今後に大きな問題を残している。

　不況克服のため、昭和50年度（1975年度）には積

極財政政策とともに四次にわたる公定歩合の引き下げが実施され、前年のマイナス成長を脱し実質4％の成長となった。

そして経済成長率については、その後実質3〜5％が定着し、低成長、安定成長の時代に入るのである。

低成長率の定着は、経済のレベルで世界の先進諸国の仲間入りを果たし、国民生活においても着実にかなりのレベルを達成したわが国にとっては自然の成り行きと言えるだろう。その意味で昭和50年代は、わが国の経済の一つの転換期であった。

念のため、この2〜3年の経済動向を追ってみると、昭和50年（1975年）春には在庫調整が終わり景気は上向いたが、後半には早くも息切れした。51年前半は輸出の急増で景気はまた上向いたが、後半は中だるみとなった。52年前半は公共投資の前倒しで景気好転をみたが、後半はまた息切れとなった。このようなミニ景気、ミニ不況とでも言うべき動きが繰り返されたのである。

つけ加えると昭和50年代を全般に見ても、このような小刻みな景気変動を繰り返した。その間、毎回のように財政、金融政策が発動され、景気の回復は輸出

の急増がきっかけになるというのが、おおよそのパターンであった。当時の輸出の状態は、日本の集中豪雨的輸出として諸外国の批判の的となっていたのである。

　このような状態のところへ、昭和53年（1978年）末、第二次オイル・ショックが起こった。原油価格は2.5倍にはね上がった。

　第一次オイル・ショック前に1バレル2.6ドルであった原油価格は、2度にわたるオイル・ショックで32ドルにまで大幅に上昇したのである。

　しかし今回は前回の教訓が生かされ、企業、消費者ともに冷静に対処し、さほどの混乱も見られなかった。景気が落ち着いていた故もあって、原油価格は大幅に上がったにもかかわらず、消費者物価上昇率は8％台におさまり、成長率も若干の低下にとどまった。

　この2度にわたるオイル・ショックで、個別企業は減量経営への体質改善に真剣に取り組むことになる。ヒト、モノ、カネのすべてについてスリム化に努めたのである。

　その背景には第一次オイル・ショック後、ミクロ経済とマクロ経済の乖離（かいり）があらわになってきたことが

あった。

　つまり経済全体としては成長感があるにもかかわらず、個々の業種間、個々の企業間の収益力の差がはっきりとしてきた。

　この時期のスリム化で特に大きな成果をあげたのは、省エネルギー、省資源の動きであった。オイル・ショックは世界に石油資源の有限性を訴えた。

　その結果、石油の節約、それに代わる代替エネルギーの開発が緊急の課題とされた。わが国においても、それらについての技術開発の結果、原油を中心とした原材料の輸入増加率は国民総生産の伸び率を大きく下回るようになったのである。このようにして経済体質は強化され、さらに新たな技術革新が進められた。

　昭和50年代後半からは情報化技術革新が中心となった。つまりコンピューターによる制御技術を利用した製品開発やコンピューター主導の生産体系の開発などである。またエレクトロニクス、新素材、バイオテクノロジーなどの新技術による新製品が次々と生産され、それらが新しい消費を刺激し経済に活気を呼び込んだのである。

　このハイテクと呼ばれた技術革新は、アジアなどの

新生産業国の追い上げに対抗するための生き残り策の一面もあったが、一方では、先進諸国に対しても輸出の急増、それに伴う経済摩擦の激化などの結果をもたらすものであった。

また、この技術革新はわが国の産業構造を大きく変えた。第三次産業（情報、流通、サービス、金融業など）が大きく伸び、素材型産業の停滞、組立加工型産業の伸長などである。前者は鉄鋼、石油化学など、後者は自動車、電子・電気機械などである。

経済のソフト化、重厚長大から軽薄短小へ、などの言葉が広まったのも昭和59年（1984年）の頃からである。理科系大学生の就職が、メーカーから金融、情報、サービス業へと広がりを見せて話題になった。ちなみに60年（1985年）の産業構成の内訳は、国民総生産比では、一次産業3％、二次産業53％、三次産業44％であり、就業者比では、それぞれ9％、34％、57％であった。

昭和50年代後半頃からアメリカのレーガン政権は強いアメリカをめざし、積極財政と減税政策を実施した。投資を増やし経済の活性化を図ろうとしたのである。しかし投資は増えず、消費が増え、財政赤字がか

さむばかりとなった。そこでアメリカは財政資金調達のため、高金利、ドル高政策を取り続け、結局は貿易赤字、財政赤字のいわゆる双子の赤字に苦しめられた。

双子の赤字の解消のためには、とりあえず金利を下げ、ドル安に誘導し、経済の活性化を図らねばならない状況になっていた。その対策のため先進5カ国の蔵相中央銀行総裁会議が開かれ、昭和60年（1985年）9月プラザ合意が成立したのである。

その結果、当時1ドル240円であった円が、11月には200円、昭和61年（1986年）5月には160円台にまで急上昇し、アメリカのねらうドル安、円高が実現したのである。

この円高で、わが国は輸出産業の不振から大不況になると大騒ぎになった。政府は円高不況を宣言し、昭和61〜62年にかけて公定歩合の引き下げ、緊急経済対策で公共投資の追加、減税を実施した。公定歩合は史上最低の2.5％となり、後のバブル経済の引き金となった。

やがて不況対策も効果を表し、昭和61年（1986年）秋から、いざなぎ景気に匹敵する長期好況が訪れ、平成3年（1991年）春頃まで続くことになる。

この間、昭和天皇が崩じ、昭和64年（1989年）は平成元年に引き継がれ平成時代の幕開けとなった。

　このような円高騒ぎが比較的早く治まり好況に転じた理由としては、政府の不況対策の他に次のようなことが考えられる。つまり、経済の体質が強くなっていたこと、ハイテク製品の故に競争相手が少なく、値段が高くなっても輸出が減らなかったこと、食糧や原油など原材料を中心とする輸入品価格の値下がりで円高メリットが大きかったことなどであった。

　平成の好況期、実質成長率は5〜6％程度であったが物価は安定し、国民の消費生活は質量ともに高度化が進んだ。特に海外旅行などのレジャー活動が盛んになり、年々倍増の勢いを示した。その背景には、財テクやマネーゲームといった言葉に象徴された土地、株式など資産価格の異常とも思える値上がりがあったことは否定できないだろう。

　政府、日銀の金融緩和政策、円高による膨大な輸入差益などが金融機関、企業のふところを膨らませ、その余裕資金が土地や株式の購入に回ったわけである。

　その結果、土地、株式はやがて値上がりが値上がりを呼ぶことになり、列島改造ブームをしのぐ全くの投

機ブームにまで発展していったのである。

　平成元年（1989年）5月、好況と資産価格の高騰を懸念して、政府、日銀は金融引き締めに転じ、2年（1990年）までに5度にわたって公定歩合の引き上げを実施し、2.5％から6％とした。

　これによってさしもの株価も元年（1989年）末をピークとして下がり始めることになる。

　こうして平成の好況も3年（1991年）春頃より減速し、暮れ頃から急速に不況の様相を呈してきた。もちろん地価も下向きに転じた。需要の飽和状態と土地、株式のバブル崩壊の影響が不況の引き金になったものである。

　政府、日銀はこれに対処、今度は数次にわたる公定歩合の引き下げを実施し、平成4年（1992年）には3.25％まで下げ現在に至っている。また同年3月には、10兆7000億円の緊急経済対策が決定され、予算では公共事業の上半期前倒しも実施された。しかし不況は4年（1992年）末現在、ますます深刻となっており、4年度の実質成長率は1.5％前後と予想されている。

　特にバブル崩壊の後遺症は大きく、不動産企業や財テク、投機に走った企業には倒産が多発している。ま

た金融機関の多くはバブル時代の野放図な融資が不良債権となり、社会問題にまでなっているのが現状である。

この間の年平均実質成長率を見ると、昭和50年代は4.1％、60年〜平成3年（1985〜1991年）の7年間は4.6％である。経済規模の拡大と成熟度が進み、昭和40年代の8％と比較すると成長の鈍化がうかがえる数字である。

この昭和50年代以降のわが国経済の特徴は、グローバル化への対応が大きなウエイトを占めてきたことである。わが国のみならず世界のどの国にとっても、経済の運営、あり方は単に内なる問題ではなく、世界の政治、経済と密接な関連を持つ問題となってきた。

世界の首脳や経済、財政担当者のグローバルなネットワークと対話、協調体制が確立し、わが国の経済もつねに国際的視野のなかで運営されなければならなくなったのである。経済大国日本ともなれば当然のことながら、ますますその必要性が出てきたのである。

昭和50年（1975年）以後の政治、社会の主なできごとは次のようなものがあった。

第一回先進国首脳会議（サミット）、フランスのラ

ンブイエで開催（昭和50年）、戦後生まれが人口の過半数を超す（52年、1977年）、第二回臨時行政調査会発足（56年、1981年）、消費税の新設実施、国鉄の分割民営化（62年、1987年）、昭和天皇の逝去、昭和から平成へ（64年、平成元年、1989年）などである。

6. 輸出超過定着と経済摩擦

　昭和40年代以降、わが国の貿易構造に大きな変化が起こった。すなわち43年（1968年）を境に輸出超過が定着し、それからの好況期においては輸入の増加のために国際収支が赤字になることはなかった。

　昭和35年（1959年）頃まで20億ドル前後を低迷していた外貨準備高（主として米ドル）は45年（1970年）には55億ドル、46年（1971年）には167億ドルと急増し、それ以後も多少の波はあったものの増加し続けたのである。貿易の大幅輸出超過が原因であった。輸出はいざなぎ景気の昭和43〜46年度（1968〜1971年度）は毎年20％を超す伸びとなった。

　輸出品も鉄鋼、自動車、船舶、電化製品など、重化学、組み立て工業品のウエイトが高まった。1ドル

360円という為替レートは、少なくとも工業製品については円安となり、輸出に有利に働いた。

　当時、アメリカはベトナム戦争で疲弊し、その間に西欧諸国や日本が経済力を伸ばし、ドルは相対的に減価していた。この矛盾がやがて昭和46年（1971年）の金・ドル交換停止のニクソン・ショックとなって噴き出した。結局、同年12月、10ヵ国財務相会議でのスミソニアン合意により、わが国は1ドル308円に決定した。

　この事態を前にして、わが国は一貫して円切り上げ回避の方針をとったが、昭和48年（1973年）ドル不安のなかで多くの通貨は固定相場制から変動相場制に移行することになった。

　円レートに関しては、その後も国際収支の大幅黒字は変わらず、円高が続き、昭和62年（1987年）には120円台にまでなったのである。

　わが国は昭和39年（1964年）、OECD（経済協力開発機構）に加盟し資本移動の自由化を義務づけられた。これは主として外国資本の日本への進出の自由化を意味するものであった。当時、外国企業の日本への進出は厳しく制限されていた。それにもかかわらず日本資

本の海外への進出は比較的自由に行われており、その点のアンバランスが問題になっていたのである。

　そこでまず昭和42年（1967年）、第一次自由化で医薬品、鉄鋼、造船などの自由化を実施、46年（1971年）には自動車などを自由化、48年（1973年）の第五次自由化で一部をのぞき原則100％を達成した。さらに50年（1975年）には小売業も自由化した。

　この資本の自由化は第二の黒船と騒がれ、わが国の企業が外国資本に乗っ取られるのではないかとの危機感が広がった。そこで考え出されたのが、企業の合併による体質、競争力の強化であった。

　産業界で多くの大型合併が実現したが、その代表的なものが昭和44年（1969年）の八幡、富士両製鉄の合併による新日本製鉄の誕生であった。また、産業の大規模化に対応するため金融界においても、再編成と効率化が求められた。その結果、46年（1971年）には第一と日本勧業の両行が第一勧業銀行に、48年（1973年）には太陽と神戸の両行が太陽神戸銀行（さらに三井が加わりさくら銀行に。2001年4月住友銀行と合併し、三井住友銀行になった）にそれぞれ合併したのである。

しかし現実には、外国企業の日本進出もさしたることはなく、まして日本企業が外国企業に呑みこまれるということもそれほどなかった。

　このようにわが国は昭和50年（1975年）頃までに貿易、為替、資本の自由化を一応は実施したのであるが、わが国の貿易黒字はますます増加の傾向をたどり、欧米諸国、特にアメリカとの間に深刻な貿易摩擦を引き起こすことになった。

　アメリカの対日貿易の赤字が増え続け、また日本への直接投資もままならなかったからである。

　わが国は門戸開放を形の上では果たしたというものの、実際にはさまざまの規制を残しており、それがアメリカを苛立たせ不満の種となったのである。貿易摩擦は国際経済全般を巻き込む摩擦に、そして後のことになるが、わが国の経済構造のあり方の問題にまで発展していくのである。

　ところで日米の貿易摩擦問題は、古くは昭和30年（1955年）のワンダラーブラウス（1ドルで売られた日本製の粗悪なブラウス）の輸出などからあったが、本格化したのは46年（1971年）の日本側の繊維製品輸出自主規制からである。これはほぼ3年にわたる日

米の政府間交渉の結果によるものであった。

　さらに昭和50年代前半には、鉄鋼やカラーテレビなど、後半には、自動車、半導体、工作機械などのハイテク製品にまで摩擦が広がり、いずれもわが国の輸出自主規制で決着をつけるような状態が続いたのである。また、わが国が一定数量以上の外国製品の輸入を義務づけられるケースも増えてきた。

　この間、日本エコノミック・アニマル論が世界をにぎわし、日本は外圧をかけねば動かぬ国との悪評が定着するようになった。これを逆に言えば、外圧をかければ動くという、日本の自主性のなさを世界に暴露することになったのである。

　一方、昭和58年（1983年）には日米円ドル委員会が設置され、日本の金融市場開放が進められることになった。具体的には日本の金融資本市場の自由化、外国金融機関の日本への進出などであった。

　わが国の金融行政は護送船団方式と呼ばれ、産業育成、預金者保護の名のもとに、競争原理を排除した手厚い横並び保護政策が行われていた。これが海外の批判の的になっていたのである。

　当時のわが国は、貿易、資本、金融のいずれにおい

郵 便 は が き

1 6 0 - 8 7 9 1

1 4 1

東京都新宿区新宿1－10－1

(株)文芸社

愛読者カード係 行

金受取人払郵便

新宿局承認

2524

差出有効期間
2025年3月
31日まで

（切手不要）

|||‖·‖·‖·‖·‖‖‖‖·‖·‖‖‖·‖·‖·‖·‖·‖·‖·‖·‖·‖·‖·‖·‖·‖·‖·‖|||

ふりがな お名前		明治　大正 昭和　平成	年生　　歳
ふりがな ご住所	□□□-□□□□	性別 男・女	
お電話 番　号	（書籍ご注文の際に必要です）	ご職業	
E-mail			
ご購読雑誌（複数可）		ご購読新聞	新聞

最近読んでおもしろかった本や今後、とりあげてほしいテーマをお教えください。

ご自分の研究成果や経験、お考え等を出版してみたいというお気持ちはありますか。

ある　　　ない　　　内容・テーマ（　　　　　　　　　　　　　　　　　　　　　）

現在完成した作品をお持ちですか。

ある　　　ない　　　ジャンル・原稿量（　　　　　　　　　　　　　　　　　　　）

書　名							
お買上 書　店	都道 府県	市区 郡	書店名				書
			ご購入日	年	月		

本書をどこでお知りになりましたか?
　1.書店店頭　2.知人にすすめられて　3.インターネット(サイト名
　4.DMハガキ　5.広告、記事を見て(新聞、雑誌名

上の質問に関連して、ご購入の決め手となったのは?
　1.タイトル　2.著者　3.内容　4.カバーデザイン　5.帯
　その他ご自由にお書きください。

本書についてのご意見、ご感想をお聞かせください。
①内容について

②カバー、タイトル、帯について

弊社Webサイトからもご意見、ご感想をお寄せいただけます。

ご協力ありがとうございました。

■書籍のご注文は、お近くの書店または、ブックサービス(☎0120-29-9625)、
**　セブンネットショッピング(http://7net.omni7.jp/)にお申し込み下さい。**

ても欧米諸国の市場開放の恩恵を受けながら、自国の市場開放はできるだけ遅らせよう、避けようとの方針があまりにも露骨であった。しかも貿易黒字は増え続けた。

このような状況は、欧米諸国に日本はアンフェアの印象を強くいだかせ、相互主義を主張する外圧が強まるのも当然の帰結であったと言えよう。

この間のわが国の経常収支（主として物品、サービスの国際間移動の収支）の動向を見ると、昭和43年（1968年）からほぼ一貫して黒字を続け、52年（1977年）には140億ドルと100億の大台に達し、60年（1985年）550億ドル、61年（1986年）940億ドルと最高を記録した。そして平成景気の2年（1990年）には340億ドルと減少したものの、3～4年は不況のため輸出ドライブがかかり、最高額を更新することが確実となっている。

ここで最近（昭和50年当時）のわが国の輸出入の動向を見ると、輸出シェアでは、アメリカ、東南アジアがそれぞれ30％、西欧諸国が20％程度となっており、輸入では東南アジアが30％、アメリカ、西欧諸国がそれぞれ20％程度である。

また輸出品目では技術集約型製品が多く、自動車、電機、機械などが中心となっている。特にコンピューター、半導体、VTR、工作機械などが目立っている。輸入品目では、食糧、原油、鉄鋼石などの原材料が中心となっている。機械、化学製品、航空機など製品の輸入は50％と欧米先進国に比してかなり低いが、資源に乏しいわが国としては、やむを得ないだろう。

　したがって外貨蓄積、海外投資も大幅に増加し、昭和60年（1985年）にはアメリカが純債務国に転落し、わが国が世界一の債権国にまでのし上がったのである。

　高まる経済摩擦に対処するため、中曽根康弘首相の諮問で設置された経済構造調整研究会は、昭和61年に前川リポート、62年に新前川リポートをそれぞれ発表した。

　その内容は、わが国の経常収支の大幅黒字は経済構造が輸出依存型であるためで、国内の基盤整備、消費の増大などによって内需主導型に転換しようというものであった。これはアメリカでも一応の評価を得たものであったが、問題はいかに実行するかであった。

　そしてついに昭和63年（1988年）、いっこうに減らない対日経常赤字に業を煮やしたアメリカの要求で、

日米構造協議が発足することになった。これは見方によれば日本の文化、歴史に根ざした制度、慣行にまで踏み込もうとしたもので、文化摩擦的な一面も持つものと言われた。

この協議でわが国が実施を迫られたことは、10年間で430兆円の生活関連公共投資、外国大型店の出店などを含む流通制度の見直し、系列取引の是正、独占禁止法の運用強化などの6項目であった。

一方、ヨーロッパ諸国との貿易摩擦も昭和50年（1975年）頃から激しくなり、自動車、工作機械、ビデオなどのハイテク製品について輸出自主規制を行っている。しかしアメリカに比して各国別の輸出入の貿易規模が格段に低いため、摩擦の深刻度は小さい。

昭和40年（1965年）頃から、輸出の増加と軌を一にして、アジア諸国、アメリカなどへの海外直接投資も大きく伸びた。

アジアには、鉄鉱石、原油、原料炭などの確保のための投資や低賃金を利用しての繊維、電機などの工場進出が多かった。また、アメリカ、ヨーロッパなどには、販売の拡大をめざす商業投資が多かった。

しかし、昭和60年（1985年）頃からはいずれの地

域にも金融、保険、不動産、サービス業などの非製造業の進出が顕著になり、また製造業では自動車、一般機械、化学など、より高度化した工場進出が目立ってきた。特にアメリカ、ヨーロッパなど先進地域への進出が盛んであった。

　このような資本進出に伴い、投資摩擦もまた発生することになった。昭和40年代の後半には東南アジアへの工場進出が目立ち、都市には日本製品の広告が氾濫し、現地の反発が強まったのである。その表れが昭和49年の田中首相のASEAN訪問時の反日デモであった。タイ、インドネシアなどで日本の経済侵略反対のデモが暴動化する事件にまで発展した。

　また昭和60年代には日本企業がアメリカのビルや企業の買収、資本参加などを行うようになり、これが現地市民の猛烈な反発を招いたことは記憶に新しいところである。

　いずれにしても経済摩擦をいかに和らげ、解消していくかは、今後の国際貢献のあり方とともに未解決の大きな課題となっている。

7. 高度成長をもたらしたもの

　わが国の経済成長率は戦後の数年を別として、欧米の先進国に比してずいぶん高い値で推移した。

　昭和44年（1969年）のいざなぎ景気の終わる頃までは、年率ほぼ10％の実質成長が続いた。低成長に入った45年（1970年）以降も4.5％程度を維持し、同時期の西ドイツ、イタリアの3％強、アメリカ、フランスの3％弱、イギリスの2％強を上回った。

　昭和43年（1968年）には、国民総生産（GNP）でアメリカに次ぐ自由世界第2位になった。60年代に入って、一人当たりのGNPでもアメリカを追い越すことになった。

　また、自由世界での国民総生産シェアでは、昭和33年の3.2％が62年には16.3％を占めるに至った。この間のアメリカは46.3％から30.7％に落ち込んでいる。

　わが国は昭和20年（1945年）の終戦時、経済は壊滅状態にあり、廃墟のなかからアメリカの援助で復興がスタートした。したがって、欧米の水準に近づくまでの期間の高度成長は、ほとんどゼロからの出発で

あってみれば当然とも言えよう。

　しかし昭和40年代、国民総生産でヨーロッパ諸国を抜き、ある程度の成熟段階に達しても、なお欧米先進国よりかなり高い成長をなしとげたことは、世界から驚異の目で見られたのである。そこから日本株式会社論、日本特殊論や日本見直し論などの論議が生まれたのだが、このような成長の秘密はいったいなんであったのだろうか。

　その直接的な原因として思い浮かぶのは、豊富で勤勉な労働力、あくことのない技術革新への意欲、規格大量生産を可能にした膨大な設備投資とそれを支えた高い貯蓄志向と金融システムの発達、そして高度成長を大局的に誘導した政府の金融財政政策や行政指導などである。

　しかし、このようなもろもろの現象を可能にしたより基本的なものとしては、日本の社会構造、国民の精神構造に真の原因が求められるのではなかろうか。

　その原因と考えられるのは、次のようなものであろう。

　まず第一に日本的経営と言われる集団主義の企業活動である。日本的経営の特徴としては通常、年功序列、

終身雇用、企業内組合の3点があげられる。

　年功序列、終身雇用は労働者の安定感と集団意識を育み、企業への忠誠心、帰属意識を高め、労働者のモラル・アップに寄与した。わが国でも昭和30〜40年代、欧米流の合理的労務管理、労働の流動化をめざす動きがあった。しかし品質管理、能力主義など一部は取り入れられて日本独自の発展をとげたが、職務給、レイ・オフ制度などはドライにすぎるとして、日本の風土になじまなかった。

　また企業内労働組合も労使一体感、労使協調を生み、終戦直後や三井三池争議のような特殊な例を除けば大きな争議も起きなかった。欧米の企業横断的で、職種別または業種別の労働組合の、労使対立は当然とする考え方とは全く異なったのである。

　このような日本企業の特殊性が、労働者の勤勉性とあいまって生産性の向上に大きく貢献したのである。そして今日、日本的経営は善きにつけ悪しきにつけ世界の注目するところとなっている。

　第二に高い教育水準がある。いまわが国では高校への進学率が90％、高校から大学への進学率が40％である。

戦後の学制改革による高校、大学の大幅な増設がその背景にある。その結果、大学進学率はアメリカよりやや劣るものの、ヨーロッパ諸国よりはるかに高くなった。

これは新しい技術へのチャレンジや吸収力の裾野を広げ、技術革新、高度成長の大きな原動力になったのである。半面、学歴主義の弊害が叫ばれてはいるが、旧来の社会的階級、縁故関係を排除し、企業内の身分格差を少なくし、実力主義を広めたことは認めるべきだろう。

第三に行政指導が果たした役割である。日本独特と言われる行政指導が同業企業間の過当競争を防ぎ、業界の利害関係を調整し、産業界全体としての繁栄と高度成長を助成したことは否定できない。

主要製造業の生産、流通、輸出入から金融、証券業の運営に至るまで、あらゆる分野に行政指導が行きわたり、マクロ、ミクロの経済調整が行われていることは内外によく知られている。

その結果、わが国産業界は日本株式会社と評価されたように、歩調を合わせて成長路線を突っ走ることができたことは確かなようである。

この行政指導は戦前、戦時中に始まった軍需物資の生産、調達、または食糧その他の生活必需品の配給制度などの政府による企業、家計への統制制度の手法が基本にあると言えよう。

　昭和21年（1946年）に実施された石炭、鉄鋼の傾斜生産方式は、戦後にこの手法を用いた行政指導と言えるものであろう。

　貿易摩擦の激化とともに、わが国の行政指導が自由で公正な競争を排し市場解放を妨げていると、諸外国から非難されるようになった。「GYOSEI-SIDO」は一部の英語の辞書に登場し、その元締めである通商産業省は「Notorious MITI」と陰口をたたかれた。

　その一方では、日本の行政指導を学ぼうとする国も現れた。しかし、この方法が外国で成功するか否かは疑問であろう。

　行政指導の成功はわが国独特の風土に根ざしたものと思われる。ことの是非はともかくとして、明治以来しみ込んできた官尊民卑の思想、政府と企業の相互依存関係、困ったときの「おかみ」頼りの思考、さらには日本人に共通する集団意識、右へ倣え慣行などが、行政指導を予想以上に成功させたと言えよう。

第四に、わが国が平和憲法と日米安保条約によって、防衛費を抑え、防衛産業を小規模にとどめ、投資効率の高い民需産業に資金、技術を集中できたことである。

　軍事費は経済的には一種の浪費であり、国民生活に寄与するところが少なく、しかも多すぎるとインフレを招きがちである。

　かつて武器開発技術は民需技術の先導役をつとめ、その発達を主導した。しかし近年、武器の高度化、専門化が著しく、必ずしも民需技術に直結できるものではなくなった。また軍需技術に膨大な開発費とすぐれた頭脳が必要となり、かえって民需技術の発達を圧迫することにもなった。

　わが国の場合、防衛費は国民総生産比1％程度で推移しており、欧米諸国の2〜6％に較べると、総額ではともかく率ではかなり少ない。このことが技術革新と経済成長に有利に働いたことは無視できない。

8.　戦後世界経済の推移

　第二次大戦後間もなく、世界の国々はアメリカを中心とし西欧、日本などアジアの一部を含む西側世界と、

ソビエト連邦を中心とし東欧、中国などアジアの一部を含む東側世界が鋭く対立することになった。

　これがいわゆる米ソ冷戦と言われるものの始まりで、概して言えば、西側は資本主義的自由経済体制をとり、東側は社会主義的計画経済体制を実施した。

　そしてこのような二つの世界の対立は、その後ほぼ40年続くのであるが、ここでその間の世界経済の状況を簡単にたどってみることにする。

　米ソ冷戦のなかで西側自由世界の経済をリードしてきたのはアメリカであった。敗戦国の日本、ドイツ、イタリアはもちろんのこと、戦勝国の英、仏など連合国も疲弊、荒廃のなかにあった。自由世界のなかではアメリカが工業、農業のあり余るほどの生産力を維持していた唯一の国であった。

　この時期、アメリカはブレトン・ウッズ協定によって設定されたIMF（国際通貨基金）、GATT（関税貿易一般協定）の自由、無差別主義にもとづく通貨、貿易体制を支え、ヨーロッパや日本に援助や貿易を通じて戦後復興のための物資やドルを供給し続けた。

　当時アメリカの製品、技術は世界で最もすぐれたものであり、世界はアメリカの製品、技術を競って求め

たのである。その結果、自由世界は戦後復興が軌道に乗り、同時にアメリカも繁栄の極みに達した。

ドルは世界の基軸通貨の地位を獲得し、アメリカを中心とする自由世界の経済秩序が確立したのである。

この間、ヨーロッパ諸国はアメリカのマーシャル・プランなどによる援助を受けるとともに、もともとの蓄積と底力にものを言わせて復興をなしとげた。特に敗戦国ドイツは奇跡とも言われた復興ぶりであった。

そして戦後まもなく芽生えた西ヨーロッパの経済を中心とするグループ化への動きは、昭和33年（1958年）ヨーロッパ6カ国よりなるEEC（欧州経済共同体）の結成となり、42年にはEC（欧州共同体）に発展したのである。

一方、ソ連、東欧諸国はアメリカを盟主とする西側諸国との間に激しい軍拡競争を繰り広げた。

しかし経済発展においては、正確な情報が発表されず不明とされるが、生産性、技術革新で西側にはるかに遅れをとり、経済力格差は広がっていったと見られる。

また、かつて先進国の植民地であった南アメリカ、アフリカ、アジアの国々は、その大部分が戦後は民族

自決の原則にしたがって独立国家に生まれ変わった。

　これらの国々は、以後それぞれの旧宗主国や先進国から資本や技術の援助を受けながら徐々に経済発展を遂げていった。これらの発展途上国は、まだ農業が中心で、小規模な商工業経済と低い生活水準にとどまっている国が多かった。

　昭和20〜30年代の世界経済はおおむねこのような状況にあったが、40年代以後、大きく変化してきた。

　まず世界経済のリーダー格であったアメリカは、昭和39〜43年（1964年〜1968年）のベトナム戦争の消耗戦を経て、西側世界経済に占めるウエイトを低めるに至った。

　この間EC諸国と日本が経済力をつけ、アメリカの独占的地位がゆらぎ、西側経済はアメリカ、EC、日本の三極構造へと変化していくのである。

　そしてアメリカは昭和46年（1971年）の金・ドル交換停止に追い込まれるまでになった。その後50年代後半、レーガン政権下で積極財政、減税などで経済再建をめざし、一時は成功したかに見えたが、結局は財政、国際収支の双子の赤字が増え続けることになった。

また高金利、ドル高政策がたたり、対外的にも純債務国に転落し、昭和60年（1985年）のプラザ合意により大幅なドル安を容認しなければならなくなったのである。

　次にEC（欧州共同体）は、西ドイツの経済発展を軸に域内での結束と自由化を進めてきた。昭和54年（1979年）には域内通貨間の為替レートの幅を小さくすることをねらって欧州通貨制度を設け、さらにECU（欧州通貨単位）を作り、域内中央銀行間の決済などに使用するようになった。

　平成2年（1990年）には東西ドイツの統合で新生ドイツが生まれ、EC加盟国も12カ国を数えるに至った（1990年当時）。

　ドイツの統合による経済的困難や世界不況の影響などで、さまざまの問題をかかえているものの、平成5年（1993年）初めにはEC単一市場がスタートし、とりあえず物の域内移動の完全自由化を達成した。人、サービス、カネの自由化についても、順次行われることになっている。

　さらに20世紀中には共通の外交、防衛政策など政治統合をめざし、共通通貨の実現をもめざしている。

おそらく近い将来には欧州自由貿易連合、東欧諸国も経済圏に取り込む動きとなろう。

　一方、ソ連では昭和60年（1985年）に首相に就任したゴルバチョフはペレストロイカ（根本的改革）、グラスノスチ（情報公開）を推進し、従来の共産党の独裁的中央計画経済から市場経済へと180度の転換を進めたのである。経済の低迷、国民の不満が極限に達していたからである。

　これが契機となって東欧社会主義諸国がドミノ的にソ連の束縛から離れ、独自の道を歩み始め、ついに平成2年（1990年）末にはソ連も解体、独立国家共同体が発足した。

　そして旧ソ連（ソビエト連邦）はロシア連邦として新たにスタートを切った。

　その後、これらの国々も市場経済をめざしているが、生産の不振による極端な物資不足やインフレに悩んでいる。自力による早急な回復は望めず、西側諸国や日本の援助を求めている現状である。

　また、かつて東側の一員であったが、ソ連と袂を分かった中国も社会主義の原則は守りながら、柔軟な解放経済体制を推し進めている。

いまのところ経済的には一進一退を繰り返し、途上国の域を脱していないが、世界一の人口と広大な国土を持つ大国である。これからの世界経済、政治に大きな位置を占めることになろう。

　最後に発展途上国のその後であるが、経済発展の程度、段階はさまざまで現在に至っている。

　なかでもめざましい発展を示したのはアジアの諸国である。いわゆるアジアNIES（新興工業経済群）と呼ばれる韓国、台湾、香港、シンガポールは途上国の経済発展のモデルとされている。またタイ、インドネシアなどASEAN（東南アジア諸国連合）六カ国も、最近ではNIESの後を追って急成長を遂げている。

　ところが一方では、ブラジル、メキシコ、アルゼンチンなど南アメリカの多くの途上国は、一次産品価格の低迷などから債務の返済困難に陥っている。これらの国々は累積債務国と言われ、経済再建が世界的な問題となっている。

　発展途上国に対しては、経済発展のため先進諸国のODA（政府開発援助）や民間金融機関からの融資が行われているが、その返済ばかりか利子の支払いまでも困難となっているのである。

9. ボーダーレス経済の現状

　昭和50年代以降、世界はボーダーレス・エコノミーの時代に入った。つまり人類がかつて経験したことのない規模とスピードで、経済活動が国境を越えて行われるようになったのである。

　具体的には商品、資本、労働、技術、さらには企業の国際間移動が年を追って複雑化、大規模化している。

　近年の通信、交通の技術革新がそれに拍車をかけているのである。

　特に米ソの冷戦時代には、東西両陣営の内部での相互交流が主流を占めていたのが、昭和60年代、東側の社会主義経済体制から市場経済への移行をきっかけに、ボーダーレス・エコノミーは世界中を舞台に一挙に進むことになった。

　しかし国際間の接触が進むにつれて、当然のことであるがさまざまの摩擦、対立、矛盾も発生するようになった。とはいえ、いまや各国の経済は好むと好まざるとにかかわらず、国際化は避けて通れなくなったのが現状である。

いきおい、これからの一国の経済運営は、常に世界全体との調和、さらには平和、繁栄、そして福祉を念頭に置いたものでなければならないだろう。

　驚異とされる経済成長で世界の注目を浴びている日本は、特にこのことを忘れてはならない。

　現在の世界経済の主要な問題は次のようなことになろう。

　まず第一に貿易自由化への要請がますます強まってきたことである。これについては平成4年（1992年）からウルグアイ・ラウンド（新多角的貿易交渉）が開催されている。

　1992年は農業、サービス、知的所有権など難問の協議に入っているが、各国の抵抗はあるものの、かなりの成果が期待されている。特にアメリカ、EC（欧州共同体）、日本の農産物の自由化に焦点が当てられている。

　各国経済がかつてのような対立をすることなく、互いに助け合い、互いに補完しあうような共存共栄をめざすことが、これからの課題となろう。

　第二にオイル・ショック以来、世界同時不況の現象が目立ってきた。そのため経済のブロック化で不況に

対処しようとする動きが世界の各地で起こっている。

　ECが結束を固め、北米自由貿易協定（NAFTA・アメリカ、カナダ、メキシコが加盟）の成立などである。またアジアでも平成5年（1993年）、ASEAN（東南アジア諸国連合・タイ、インドネシアなど）六カ国が自由貿易地域を創設した。

　いずれもブロック内での貿易などの自由化を実現し、経済活動の拡大を図ろうとするものである。このようなブロック形成はともすれば、他地域への差別や自由貿易の制限につながりやすい。

　前述のウルグアイ・ラウンドの交渉と同じく、ブロック外地域との協調関係のバランスをいかにとるかが大きな課題となろう。

　第三に米ソ冷戦の終息によって、いわゆる平和の配当が実現する素地が整いつつあることである。問題は核軍縮や武器輸出の自粛、軍需産業の民需産業への転換などを推進することである。

　核の削減については、平成5年（1993年）年初にアメリカ、ロシア間で第二次戦略兵器削減条約を調印し、今後の10年間で米ロの戦略核を三分の一に削減することに合意している。

しかし苦しまぎれの武器輸出が現在もあとを絶たず、それが局地紛争多発の原因ともなっている。平和を損なうのみでなく、経済面でも輸出入国双方にとって大きなロスとなっている。軍需から民需への産業転換が緊急の課題である。

　第四に冷戦終息の一方で、いま世界の各地で民族、宗教、領土などに起因する戦争、内戦、対立が多発している。現状ではいずれも局地戦にとどまり、大きな戦争に発展する可能性は少ないと見られている。

　しかし、これらの地域では当然のことながら経済は停滞し、犠牲になったり、飢えに苦しんだりしている人々も多い。平成2年（1990年）現在、自国を追われたり、自国から逃げ出したりした難民は17万人を超えるとも言われている。

　また紛争処理のため国連平和維持活動が行われたり、国連の多国籍軍が派遣されたりしている地域も多い。

　これらの活動や難民救済、また紛争の解決後の復興にも多数の人と莫大な費用が必要とされ、世界平和のためのコストとして国際間の協調が強く求められているのである。紛争の阻止についても同様である。

　第五に地球環境について触れねばならない。いま化

石燃料の大量消費による大気汚染、温暖化、森林伐採による自然環境の悪化、砂漠化など地球環境の破壊が進み、人類生存の危機が現実のものとなってきたのである。

そこで平成4年（1992年）、世界の120カ国の首脳が「地球サミット」に参加し、さまざまの規制、途上国への援助などを取り決めた。これからの具体化が急がれるところである。

いま世界経済を大きな立場から見るとき、アメリカ経済の一局支配体制が崩れ、また東側世界の市場経済への参入で、世界は多局化経済の時代に入っている。

ボーダーレス・エコノミーは今後ますます拡大し、またその内容も変化していくものと思われる。

簡単に言えば、第二次大戦後の世界経済を動かしてきた資本主義経済対社会主義経済の構図が崩れ、世界の多くの国々は資本主義的市場経済、自由経済を基本とした方向に動こうとしているようである。

むろん現在の資本主義経済はかつてのアダム・スミスの描いた自由放任的なものではない。

それぞれの国情を反映しながらも、政治、社会福祉政策、社会主義からの影響などが複雑にからみ、さま

ざまな要素を含んだ混合経済とも言える経済体制に変化してきたのが実情であろう。

しかし社会主義経済というライバルを失った資本主義経済がこれからどのような道をたどるかによって、世界の経済の将来は大きく左右されることになる。そのための実践的な模索や新しい経済学の発展が、ボーダーレス・エコノミーのこれからの課題となろう。

10. 生活大国への道

いま日本はアメリカに次ぐ国民所得と膨大な貿易黒字を持つ経済大国と自他ともに認めるようになった。それにもかかわらず、最近はバブル崩壊の後遺症と深刻な景気後退に苦しんでいる。

このような状況のもとで宮沢喜一首相は生活大国を唱え、国民生活の充実と国際貢献の方針を宣言した。

事実、わが国は国際的には経済大国、カネモチ国と評価されているにもかかわらず、国民は必ずしも豊かさを実感していない。むしろ世界一物価の高い国、働きづめでようやくウサギ小屋程度の家を手に入れれば運のいいほうで、それも生涯ローンの負担が重くのし

かかる、といった生活実感が強いのではなかろうか。

　そんな状態で、なお国際貢献などとんでもない、いまでも働きすぎなのに、ますます働かされるのか……、といった感じを持つ国民も多いのでないかと思われる。

　そこで、これからのわが国の生活大国の実現は、どのようにして可能なのか、そして国際貢献はどうあるべきなのかについて検討してみよう。

　まず第一に内需拡大と生活者・消費者重視の政策が必要である。これが生活大国の基本条件である。わが国の行政府には農林水産省、通商産業省はあるが、生活または消費者行政を担当する省庁はない。

　これは戦後の廃墟のなかからの復興と、西欧に追いつくことに重点を置いた産業政策の当然の帰結であろう。

　また生産あっての消費であり、一方では生産者＝生活者・消費者なのである。行政が立ち入るのは生産のみで十分との考えがあったのかもしれない。

　しかし、生産者、消費者いずれの側に立つかによって視点が変わってくるのも事実である。

　たとえば、労働時間短縮を生産者の立場から見るとき、国際間や企業間競争の現状などが障壁となってな

かなか実施に踏み込めないということになる。しかし翻って生活者の立場から見ると、人間らしい生活のためになんとしても実現したい。そのためには生産のありかたをどう変えたらよいかなど発想の転換も起こってくるだろう。従来のわが国の行政にはあまりにも生活者、消費者の視点が欠けていたように思う。

　その意味でこれからの課題は、たとえば住宅、公園、下水道など生活関連施設の整備や物価安定対策などを積極的に講じるべきであろう。

　第二に地方分権の確立が必要である。わが国の地方自治体は3割自治と言われる。自主財源が30％で、あとの70％は国からの地方交付金や補助金で財政の運営を行っており、しかもそれらは使途を指定されたヒモつきが多く、自治の程度もその程度というわけである。

　したがって、補助金欲しさに無駄な施設、必要以上に贅沢な設備を造ったりすることになる。逆に真に地方が必要とするものは造れないということにもなる。

　このような弊害はずっと以前から指摘されているところであるが、中央省庁の既得権へのこだわりや地方不信などが理由なのか、いっこうに改善されていない。

これはまた族議員の活動、陳情政治、汚職の発生の原因ともなっているのである。

　中央政府から地方へ財源と権限の大幅な委譲を行い、真の意味での地方自治を実現しなければならない。政治腐敗をなくし、国民のための民主主義の確立のためにもぜひとも実現しなければならないことである。

　第三にいっそうの市場解放と内外価格差の解消に努めなければならない。

　わが国は世界の至るところにモノを輸出し、工場やオフィスを進出させ、多くの人を送り込んでいる。不動産も持っている。

　それにもかかわらず海外から日本への進出には種々の規制や障壁を設けてきた。生産者の保護を優先し、消費者の利益は二の次にする基本政策があったからである。世界の目にアンフェアと映ったのも当然であった。

　ウルグアイ・ラウンドで問題となっている米の自由化は避けて通れないところまできている。米の自由化、外国人労働者の受け入れなども真剣に考え、積極的に実施するべきであろう。

　また、東京は世界一の物価高の都市と言われる。一

説によれば、購買力で見た東京の一般消費財の平均価格はニューヨークの1.5倍前後もすると言う。このような内外の価格差が国民に豊かさの実感がないということの大きな原因となっているのである。

　いっそうの市場解放、自由化、規制緩和は消費者の利益となり、物価高の解消につながる。また経済摩擦の解消のためにも緊急の課題である。

　そのためには、国際分業をさらに推進しなければならない。他国と競合しない先端技術分野に生産の比重を移し、生産性の低い分野、得意でない分野の生産物は海外から輸入するという、国際間の棲み分けをさらに進めなければならない。

　第四に労働時間の短縮に取り組む必要がある。外国から指摘されるまでもなく、働きすぎをなくし、心と体の余裕を取り戻さなければならない。それがゆとりのある生活というものである。

　いまや日本人の働きすぎは、公正な競争を阻害しているということで経済摩擦の原因ともなっている。また「KAROSHI」（過労死）は英語の辞書にも登場し、日本特殊論の論拠の一つにもなっている。

　わが国の労働時間は欧米先進国に比して格別に長い。

たとえば、平成2年（1990年）の実績は、日本の年間2124時間に対し、最も短いドイツは1598時間である。アメリカ、イギリスは、ほぼその中間くらいである。豊かさを実感できない原因の一つはここにもある。

　政府は海外からの非難もあって、年間1800時間をめざして民間企業の努力を促しているが、遅々として進まない。特に中小企業が難色を示しているのであるが、労働時間に限らず労働条件全般についての大企業と中小企業との二重構造の解消が必要である。

　それには大企業が下請けや支配下に置いている中小企業と対等な取引を行うなど、大企業と中小企業の相互関係の近代化が必要である。

　わが国の国民一人当たり所得は欧米先進国を抜いているものの、時間当たりとなるとかなり低くなるのである。長時間労働のせいである。

　たとえば、平成元年（1989年）の日本の労働生産性を100とした場合、アメリカ、西ドイツ、フランスいずれも160前後となっている。もっとも製造業に限れば、ほぼ同程度である。これでは真に豊かな国とは言えない。農業やサービス業の生産性を高め、市場解放で物価を下げ、労働分配率を高めるなどの施策を通

じて、労働時間短縮を実現しなければならないだろう。

　第五に平和主義を貫き、防衛力は専守防衛に徹することである。さいわい米ソ冷戦は解消し、一部の紛争当事国は別として軍縮は世界の趨勢となってきた。

　わが国も今後は防衛力を徐々に減らし、減額分は平和の配当として国民生活の充実、海外貢献などに振りむけるべきである。

　政府もこの点はある程度認めたようで、中期防衛力整備計画の削減を決定した。また平成5年度（1993年）予算でも前年度より減額とはいかないものの、伸び率はこれまでのほぼ最低に抑えることになった。これを抑制の手始めとして、今後は減額の方向にもっていってほしいものである。

　第六に経済大国としての国際貢献は欠かすことはできない。途上国、旧ソ連、東欧などへの経済援助や地球環境改善のための拠出などである。

　わが国の政府開発援助は平成4年度（1992年）で9500億円余、国民総生産比0.3％程度である。これは金額では世界一位だが国民総生産比では欧米に比しかなり低い。

　世界には日本の政府開発援助は国民総生産比1％ま

で増額すべきだとの声もあり、今後の増額が課題となっている。

内容についても、わが国は将来の返済を求める借款の比率が高い。少なくとも贈与比率を現在の60％から先進国平均の80％程度にまで高めなければならない。

また援助要員の不足、実施体制の非効率性も問題になっている。せっかく作った近代的病院が医師や看護師の不足でほとんど利用されずに放置されているような例も多く発生している。現地の実情をよく調べもせず、いかに予算を消化するかに重点を置くようなずさんな援助計画がまかり通っているためと言われている。有効で効率のよい援助体制が必要なのである。

第七に地球環境改善についても、これからの重点目標にしなければならない。

平成4年（1992年）ブラジル・リオデジャネイロでの地球サミットでは、わが国も内外の環境保全に積極的に協力し、今後5年間に1兆円規模の援助を表明している。

言うまでもなく開発と環境保全は二律背反の関係になりがちである。特に途上国の開発援助については、

環境汚染を抑制しながら開発を進めなければならないという困難な課題がつきまとう。わが国としてもそのための資金や技術を提供しなければならないのである。

　わが国は金儲け第一主義の国で、顔のない、つまりはっきりした主張とか方針のない不気味な国と、世界から見られてきた。経済力、技術力は一流と言ってよい。これからは国内的にも国際的にも明確な原則、国家としてきちんとしたビジョンを打ち出すことであろう。そして首尾一貫した政策を実施していくことである。

| 年　度 | 国民総生産（GNP） | | | 国内総生産（GDP） | |
| | 名　　目 | | 実　　質 | 名　　目 | 実　　質 |
	総額10億円	前年比%	前年比%	前年比%	前年比%
1955年度	8,627.8	―	―	―	―
56年度	9,670.5	12.1	6.3	6.3	6.3
57年度	11,076.8	14.5	8.2	8.2	8.2
58年度	11,850.3	7.0	6.7	6.7	6.7
59年度	13,892.9	17.2	11.0	11.0	11.0
60年度	16,662.0	19.9	12.0	12.0	12.0
61年度	20,139.8	20.9	11.5	11.5	11.5
62年度	22,282.7	10.6	7.6	7.6	7.6
63年度	26,163.4	17.4	10.0	10.0	10.0
64年度	30,301.9	15.8	9.7	9.7	9.7
65年度	33,673.0	11.1	6.3	6.3	6.3
66年度	39,600.4	17.6	11.2	11.2	11.2
67年度	46,333.0	17.0	10.9	10.9	10.9
68年度	54,792.6	18.3	12.8	12.8	12.8
69年度	64,890.7	18.4	12.1	12.1	12.1
70年度	75,152.0	15.8	8.1	8.1	8.1
71年度	82,806.3	10.2	5.2	5.2	5.2
72年度	96,539.1	16.6	9.0	9.0	9.0
73年度	116,679.2	20.9	4.7	4.7	4.7
74年度	138,155.8	18.4	▲0.2	▲0.2	▲0.2
75年度	152,209.4	10.2	4.0	4.0	4.0
76年度	171,152.5	12.4	4.0	4.0	4.0
77年度	190,034.8	11.0	4.8	4.8	4.8
78年度	208,780.9	9.9	5.1	5.1	5.1
79年度	225,401.8	8.0	5.5	5.5	5.5
80年度	245,360.0	8.9	3.2	3.2	3.2
81年度	260,334.3	6.1	3.2	3.2	3.2
82年度	273,461.5	5.0	3.5	3.5	3.5
83年度	285,997.3	4.6	3.0	3.0	3.0
84年度	305,725.3	6.9	4.5	4.5	4.5
85年度	325,370.5	6.4	4.8	4.8	4.8
86年度	339,685.3	4.4	2.9	2.9	2.9
87年度	356,263.6	4.9	4.9	4.9	4.9
88年度	379,230.0	6.4	6.0	6.0	6.0
89年度	406,012.9	7.1	4.6	4.6	4.6
90年度	436,927.5	7.6	5.5	5.5	5.5
91年度	460,445.1	5.4	3.5	3.5	3.5
91年4～6月	108,229.9	6.3	0.7	0.7	0.7
7～9月	112,107.2	6.1	0.5	0.5	0.5
10～12月	128,109.0	5.2	▲0.1	▲0.1	▲0.1
92年1～3月	111,999.0	4.0	1.1	1.1	1.1

（備考）1. 経済企画庁「国民経済計算」による。

　　　　2. 91年度及び91年4～6月期以降は速報値。

| 年　度 | 金融・財政 | | | | |
| | 公債発行額 | | 公債依存度 | 公債残高 | |
		うち赤字国債	%		名目CNP比
1955年度	0	0	0	0	0
56年度	0	0	0	0	0
57年度	0	0	0	0	0
58年度	0	0	0	0	0
59年度	0	0	0	0	0
60年度	0	0	0	0	0
61年度	0	0	0	0	0
62年度	0	0	0	0	0
63年度	0	0	0	0	0
64年度	0	0	0	0	0
65年度	1,972	1,972	5.2	2,000	0.6
66年度	6,656	0	14.9	8,750	2.2
67年度	7,094	0	13.9	15,950	3.5
68年度	4,621	0	7.8	20,544	3.8
69年度	4,126	0	6.0	24,634	3.8
70年度	3,472	0	4.2	28,112	3.7
71年度	11,871	0	12.4	39,521	4.8
72年度	19,500	0	16.3	58,186	6.0
73年度	17,662	0	12.0	75,504	6.5
74年度	21,600	0	11.3	96,584	7.0
75年度	52,805	20,905	25.3	149,731	9.8
76年度	71,982	34,732	29.4	220,767	12.9
77年度	95,612	45,333	32.9	319,024	16.8
78年度	106,740	43,440	31.3	426,158	20.4
79年度	134,720	63,390	34.7	562,513	25.0
80年度	141,702	72,152	32.6	705,098	28.7
81年度	128,999	58,600	27.5	822,734	31.6
82年度	140,447	70,087	29.7	964,822	35.2
83年度	134,863	66,765	26.6	1,096,947	38.4
84年度	127,813	63,714	24.8	1,216,936	39.8
85年度	123,080	60,050	23.2	1,344,314	41.3
86年度	112,549	50,060	21.0	1,451,267	42.7
87年度	94,181	25,382	16.3	1,518,093	42.6
88年度	71,525	9,565	11.6	1,567,803	41.3
89年度	66,385	2,085	10.1	1,609,100	39.6
90年度	73,120	9,689	10.6	1,663,379	38.1
91年度	67,300	0	9.5	約170兆円	約37
92年度	72,800	0	10.1	約174兆円	約36

大蔵省資料による。

公債発行額の91年度は補正後、92年度は当初。

年　　度	国際収支等						
	経常収支*		長期資本収支*	短期資本収支*	総合収支*	外貨準備高	対外純資産残高
	百万ドル	対名目GNP比%	百万ドル	百万ドル	百万ドル	百万ドル	百万ドル
1955年度	227	0.9	▲25	102	285	839	―
56年度	▲34	▲0.1	24	2	1	738	―
57年度	▲620	▲2.0	38	77	▲503	629	―
58年度	▲264	▲0.8	96	▲4	393	974	―
59年度	361	0.9	▲214	▲60	143	1,361	―
60年度	▲14	▲0.0	▲87	12	▲36	1,997	―
61年度	▲1,015	▲1.8	54	53	▲855	1,561	―
62年度	▲16	▲0.0	203	89	281	1,863	―
63年度	▲1,071	▲1.5	459	260	▲360	1,996	―
64年度	29	0.0	17	54	107	2,053	―
65年度	1,049	1.1	▲553	▲40	429	2,109	―
66年度	996	0.9	▲835	55	59	2,077	―
67年度	▲311	▲0.2	▲740	489	▲534	1,963	▲916
68年度	1,473	1.0	▲80	88	1,627	3,213	270
69年度	2,044	1.1	▲642	370	1,989	3,868	1,714
70年度	2,349	1.1	▲1,347	670	1,999	5,458	4,674
71年度	6,321	2.6	▲1,647	2,135	8,043	16,663	9,773
72年度	6,160	1.9	▲5,959	2,135	2,962	18,125	13,867
73年度	▲3,918	▲0.9	▲9,110	2,283	▲13,407	12,426	13,016
74年度	▲2,330	▲0.5	▲2,083	901	▲3,392	14,152	8,943
75年度	134	0.0	▲260	▲1,376	▲1,772	14,182	7,018
76年度	4,682	0.8	▲1,606	402	3,252	16,997	9,574
77年度	13,996	1.9	▲2,441	▲457	12,145	29,208	21,980
78年度	11,852	1.2	▲16,299	1,563	▲2,297	28,813	36,214
79年度	▲13,853	▲1.4	▲10,323	4,888	▲18,951	18,543	28,777
80年度	▲7,012	▲0.6	2,698	4,763	▲380	27,020	11,534
81年度	5,934	0.5	▲14,934	▲909	▲7,859	27,231	10,918
82年度	9,135	0.8	▲11,876	▲3,156	▲1,988	24,015	24,682
83年度	24,232	2.0	▲20,797	▲1,338	2,415	25,109	37,259
84年度	37,015	2.9	▲54,197	▲2,799	▲14,544	26,538	74,346
85年度	55,019	3.7	▲73,177	▲1,475	▲15,599	27,917	129,821
86年度	94,139	4.4	▲144,680	899	▲43,944	58,389	180,351
87年度	84,474	3.3	▲119,465	20,502	▲15,979	84,857	240,744
88年度	77,274	2.6	▲121,400	31,126	▲13,722	99,353	291,746
89年度	53,398	1.9	▲99,720	19,335	▲57,306	73,496	293,215
90年度	33,716	1.1	▲16,793	1,333	▲961	69,894	328,059
91年度	90,222	2.6	39,756	▲15,876	114,773	68,230	383,072
91年4〜6月	18,664	2.3	▲7,103	▲9,845	▲685	67,892	―
7〜9月	19,604	2.3	30,843	▲5,952	41,371	66,912	―
10〜12月	24,373	2.6	2,610	2,016	27,554	68,980	―
92年1〜3月	27,581	3.1	13,406	▲2,095	46,533	68,230	―

（備考）1．資本収支について、▲は資本の流出（試算の増加及び負債の減少）を示す。

2．対外純資産残高は、暦年末値。

（*は55年度〜59年度について、55暦年〜59暦年の値を代用）

年　　度	通関輸出入		国際収支等				
	関税負担率	輸出円建て通貨比率	貿易収支*			円相場	原油価格*
				輸出額	輸入額		
	%	%	百万ドル	百万ドル	百万ドル	円／ドル	ドル/バーレル
1955年度	3.6	—	▲ 54	2,006	2,060	360.00	2.8
56年度	4.9	—	▲ 131	2,482	2,613	360.00	3.1
57年度	4.4	—	▲ 402	2,854	3,256	360.00	3.5
58年度	5.7	—	369	2,871	2,501	360.00	3.2
59年度	7.4	—	361	3,413	3,052	360.00	2.8
60年度	7.9	—	185	4,030	3,845	360.00	2.3
61年度	8.1	—	▲ 550	4,243	4,793	360.00	2.2
62年度	9.1	—	422	4,954	4,532	360.00	2.1
63年度	8.9	—	▲ 357	5,594	5,951	360.00	2.1
64年度	9.6	—	872	7,199	6,327	360.00	2.0
65年度	9.5	—	2,084	8,591	6,507	360.00	1.9
66年度	9.2	—	2,057	9,795	7,738	360.00	1.9
67年度	7.8	—	1,126	10,575	9,449	360.00	1.9
68年度	7.2	—	2,971	13,418	10,447	360.00	1.9
69年度	7.1	—	3,718	16,479	12,761	360.00	1.8
70年度	6.9	—	4,439	19,855	15,416	360.00	1.8
71年度	6.0	—	8,420	24,653	16,233	335.47	2.3
72年度	5.7	—	8,333	29,437	21,104	297.23	2.6
73年度	4.4	—	789	38,943	38,154	273.80	4.8
74年度	2.3	—	3,940	57,266	53,326	292.64	11.5
75年度	2.5	—	5,843	56,004	50,161	290.04	12.0
76年度	3.0	—	11,148	69,394	58,246	292.43	12.7
77年度	3.2	—	20,335	83,363	63,028	256.74	13.7
78年度	3.5	—	20,531	96,978	76,447	201.44	13.9
79年度	2.8	—	▲ 2,438	105,059	107,497	229.50	23.1
80年度	2.3	—	6,766	134,942	128,176	217.40	34.6
81年度	2.3	—	20,358	149,592	129,234	227.38	36.9
82年度	2.4	—	20,141	135,993	115,852	249.66	34.1
83年度	2.3	41.6	34,546	150,740	116,194	236.39	29.7
84年度	2.3	39.2	45,601	167,858	122,257	244.19	29.1
85年度	2.4	38.5	61,601	180,664	119,063	221.09	27.3
86年度	3.2	35.3	101,648	211,293	109,645	159.83	18.1
87年度	3.3	33.8	94,034	233,435	139,401	138.33	18.1
88年度	3.3	34.1	95,302	267,365	172,063	128.27	14.8
89年度	2.8	35.2	69,999	268,085	198,086	142.82	17.9
90年度	2.7	38.4	69,864	289,892	220,028	141.30	23.3
91年度	—	39.4	113,683	312,004	198,321	133.18	18.9
91年4～6月	—	—	23,352	71,990	48,638	138.32	17.7
7～9月	—	—	27,745	76,934	49,189	136.49	18.5
10～12月	—	—	31,218	82,655	51,437	129.49	20.6
92年1～3月	—	—	31,368	80,425	49,057	128.41	

(備考)　1. 関税負担率は関税収入額（決算ベース）を日本銀行「国際収支統計月報」の輸入額で除して求めた。

　　　　2. 輸出円建て通貨比率の91年度の数値は暦年を用いた。

　　　　3. 円相場は、インターバンク直物中心レート（但し、70年度までは固定レート360円／ドルとした。）

　　　（*は55年度～59年度について、55暦年～59暦年の値を代用）

（参考文献）

日本経済新聞社編『昭和の歩み（1）日本の経済』 日本経済新聞出版（1988）

日本経済新聞社編『ゼミナール日本経済入門』日本経済新聞出版（1992）

久保田晃、桐村英一郎著『昭和経済60年』 朝日新聞社（1987）

原田泰著『テラスで読む 戦後トピック経済史』 日本経済新聞出版（1992）

日経新聞社編『テラスで読む 日本経済読本』 日本経済新聞出版（1990）

日経新聞社編『世界経済読本』 日本経済新聞出版（1990）

水谷研治著『世界経済大転換』 講談社刊（1990）

金森久雄著『入門日本経済―これからの経済を考える』 中央経済社（1991）

金森久雄・日本経済研究センター編『揺るぎなき日本経済―長期繁栄のシナリオ』 日本経済新聞出版（1992）

小島恒久著『日本経済近現代のあゆみ』 河出書房新社（1991）

経済企画庁編『平成4年版 経済白書』（1992）

第3話
米の需要、供給と政策の動き

＊本項は平成９年（1997年）、龍谷大学大学院経済学研究科
在学中の課題研究論文に、一部手を加えたものです。

Ⅰ. 課題と方法

Ⅰ-1　研究の課題

　日本の米はいま岐路に立っている。日本は1994年1月、ウルグアイ・ラウンドにおいてミニマム・アクセスを受け入れ、1995年から6年間は関税化を猶予するかわりに、初年度40万トン、6年後の80万トン程度の外米輸入義務を負うことになった。その後の方向は未定であるが、いずれにしても関税化の受け入れか、輸入量の増加か、なおいっそうの自由化を迫られることは必至である。現在日本の米価は外米に比して数倍から十数倍と言われる。米聖域論に守られ、手厚い保護を享受してきた日本の米作も大きな試練に直面している。

　1993年は冷夏による戦後最悪の凶作に見舞われ、250万トンを超す外米の緊急輸入を余儀なくされた。現在の米の年間需要量はほぼ1050万トン、潜在生産力は1300〜1400万トンとされ(1)、このため70年以来減反政策が実施されてきた。それなのにたった一度

の凶作により米穀店の店頭からたちまちにして米が消え去り、米価が暴騰するという事態となった。ところが1994年は一転して大豊作となり、今度はつい最近のパニック状態など嘘のように米穀店の店頭には米があふれ、価格も暴落するという逆転現象がわずか半年ばかりの期間をおいて現れたのである。そして1996年末には290万トンもの余剰米が生じたと見られる(2)。国民は米需給の不安定さと米政策の重要性をあらためて痛感させられたのである。

このように一方では自由化が他方では安定供給が現在の日本の米の重要な課題となっている。これに対処するため、「食糧管理法」（食管法）に代わる「主要食糧の需給及び価格の安定に関する法律」（新食糧法）が1995年11月に施行された。食管法の建前である政府による米の全量管理を部分管理に移し、流通、価格形成にはできるだけ市場原理を導入し、来たるべき自由化に備えるとともに安定供給を図ろうとするのが新法の意図である。

1970年代から自主流通米制度の発足、減反による生産調整の実施などにより、食管法による政府の全量管理自体はすでに形骸化していた。しかし自主流通米

の価格形成や生産調整にはまだ政府の直接統制は生きていた。いずれ米の供給、流通、米価、米価政策などのあり方は、新食糧法の施行を契機として再検討されなければならない。それには米の生産、流通、価格形成が基本的に自由であった食管法以前の時代のそれらを解明することが一つの手がかりとなろう(3)。

その意味で本研究では、明治から食管法以前の、①米の供給と価格の関連、②それと米価政策との関連、③米価政策の効果、を中心として論述する。

(1) 米の国内消費量は1982年に初めて1100万トンを割り、88年以来1050万トン程度で推移している。また生産量は減反政策の始まる直前の1966〜69年にはいずれも1400万トン台を記録している（『平成8年度農業白書附属統計表』123ページ）。

(2) 『朝日新聞』（大阪）1996年9月15日、朝刊。

(3) 食管法以来特に近年とそれ以前の米をとりまく環境は大きく異なる。農業生産就業者数の全就業者数に占める比率は、明治初期の77％から1995年には5.1％に激減している（馬場啓之助・唯是康彦編『日本農業読本』71ページ、前掲『附属統計表』79ページ）。米を

含む農業総生産額も、1994年には国内総生産のわずか1.6％にすぎない（前掲『附属統計表』79ページ）。また1926〜27年の内閣統計局家計調査による当時のエンゲル係数は36％、主食である米麦の割合は14％であったが、1985年のエンゲル係数は22.6％、米の割合は1986年で2.3％にまで低下している（祖田修『コメを考える』131〜132ページ）。

しかし米はいぜんとして日本人の主食としての地位は揺るがず、農業総産出高の中に占める割合も1995年には30％強で第一位を保っている（前掲『附属統計表』92ページ）。最近は米の自由化に関連して、国際的に桁外れな高コストの日本の米作の衰退論や不要論も台頭しているが、米作は食糧安全保障、水田の国土保全などの重要な経済外的役割も担っている（祖田前掲書79〜81ページ）。また途上国の人口の爆発的増加による将来の世界全体としての食糧不足も憂慮されている。以上から見ても米の安定供給と、そのための適切な米価政策の必要性は過去、現在ともに基本的に変わるものではない。その意味で過去を解明することは現在にとっても決して無意味ではない。

Ⅰ-2 方法

Ⅰ-2-1 研究の構成

本研究は、まず第Ⅰ節において研究の課題と方法及び既存の研究と筆者の立場を述べる。第Ⅱ節において米価変動の一般的要因及び米価形成の場となる流通機構とその役割を論述する。第Ⅲ節では米の供給と米価の相互関連を、主として統計数字を通じて論述する。第Ⅳ節では、前章の結果と現実の米価政策との関連及び政策の効果を論じる。終章である第Ⅴ節では以上の結果を踏まえて、米穀法施行以前と以後の比較検討を行い、政策効果を結論づける。

Ⅰ-2-2 時期区分

第Ⅲ節以下の各節においては次の時期区分にしたがって論述する。これは米の供給状況と米価政策の基本的な変化による時期区分であり(1)、時期ごとの分析によって各時期の特徴を明らかにするとともに、それぞれの比較を容易にすることを目的とする。
①明治元年から大正9年の米穀法施行以前まで（1868～1920年）

a.　明治元年から同35年（1868 ～ 1902年）までの
　　米の自給自足時期
　　b.　明治36年以来（1903 ～ 1920年）の米の輸移入
　　が常態となった時期
・②大正10年から昭和14年（1921 ～ 1939年）までの
　米穀法施行から米価直接統制が実施される直前まで

（1）明治以来の米価政策の時期区分の通説は次のとおり6
　　　区分とされている。
　　　　①1868 ～ 1890年の財政的米価調整政策
　　　　②1891 ～ 1911年の米穀関税政策
　　　　③1912 ～ 1920年の米穀法制定直前までの米価政策
　　　　④1921 ～ 1932年の米穀法制定下の米穀政策
　　　　⑤1933 ～ 1941年の米穀統制法制定下の米穀政策
　　　　⑥1942年以降の食糧管理法制定下の米価政策
　　　　（硲正夫『米価問題−米価の歴史』183ページ、井上
　　　　周八『日本資本主義の米価問題』163ページ）
　　　　井上氏はさらに、1920年の米穀法制定以前の時期を
　　　　自由経済時代の随時的米価調節の時期とし、米穀法制
　　　　定以後を間接的統制、恒久的米価調節の時期に大区分
　　　　されている。

また田辺勝正氏は米の需給関係に着目して、米価対策の時期区分を次のようにしておられる。

①1886〜1897年の米の内地自給率の平均100％以上の時期

②898〜1911年の同90％台の時期

③1912年以降の同80％台の時期

（日本米価対策史『拓殖大学論集』1963年73号35ページ）

本研究の時期区分は大区分としては米穀法を画期とし、米穀法以前をほぼ自給自足が達成されていた時期と、輸移入依存が決定的となった時期とに区分した。米の需給関係と米価政策の関連を明らかにするためである。なお田辺氏は自給が崩れ、米輸入国に転じた時期を1898年とされ、また大豆生田 稔氏は1890年代半ばをその時期とされている（『近代日本の食糧政策―対外依存米穀供給構造の変容』11ページ）。いずれもそれぞれの立場による区分であるが、本研究では、大量輸入が恒常的となるのは1903年以降との立場をとり1903年を画期とした。

Ⅰ-3　既存の研究と本研究の立場

　本研究では前述のとおり、①米の供給と価格の関連、②それと米価政策との関連、③米価政策の効果を論述する。その基本となる米の供給と米価との関連については以下の視点から分析を行った。

①米の生産統計が整備されている1877 〜 1939年の63年間の全期間を対象とした。

②供給と米価の年々の統計を用いて多角的な分析を試みた。

③全期間を前述の期間に区切って、各期間の傾向と特色を見出し、比較検討を行った。米の需給と米価についての研究には、八木芳之助氏の著書『米価及び米価統制問題』（1937年）、論文としては高田保馬氏「米の豊凶と米価」（1915年）、車恒吉氏「米価変動の研究」（1927年）、木下茂氏「米価変動の統計的研究、一、二」（1928年）、家本秀太郎氏「米穀の需給と米価との関係」（1933年）などがある。家本氏は対前年比率法、その他の諸氏は最小自乗法による趨勢法の統計的手法で、米の生産高、需要、輸入などが米価に及ぼす影響や相互の関連を分析されている。しかし対象

とされている期間区分は必ずしも目的意識を持って設定されたものとは思われず、筆者の意図する視点とは異なる。

　また米価の変動、米価政策やその効果を論じたものには、八木氏の前掲書、中沢弁次郎氏『日本米価変動史』（1932年）、太田嘉作氏『明治大正昭和米価政策史』（1938年）、硲正夫氏『米価問題』（1958年）、桜井誠氏『米その政策と運動　上』（1989年）、河田嗣郎氏『米価と関税との関係について、上下』（1925年）などがある。いずれも豊富な資料の収集のうえに成った業績であるが、当然のことながら政策や米価の変動を中心に論じられ、それらと米の需給と価格との関連については一般論として触れておられるにすぎない。

　その意味で米の供給と米価、それと米価政策との関連及び効果をテーマとして選んだ。加えて、筆者は兵庫県播州平野の片隅の米作地帯に生まれ、戦前の農村の生活や農作業の実態を実感として育った。戦後の食糧難の一時期は実際に農作業に従事した経験もある。それだけに米、農業に対する思い入れがあり、そのこともこのテーマを選んだ一つの理由である。

Ⅱ. 米価の変動

米は、年に一度の収穫、長年の貯蔵が難しい（たとえ貯蔵ができたとしても保管に膨大な費用がかかり、品質、味の劣化は避けられない）、気象状況など自然条件に収穫量が大きく左右される、さらに他の世界的な主食である小麦に比べると世界の生産量、貿易量が格段に小さい(1)、などの特質を持っている。このことが他の多くの食品や工業製品に比して米の年ごとの供給を不安定なものにし、米価の変動を大きなものとしている。ここでは米価変動の一般的要因と価格形成の場となる流通機構とその役割を論じる。

Ⅱ-1　米価変動の要因

中沢弁次郎氏によると、米価変動の諸動因は次のとおりである(2)。

1. 経済的動因
   ①供給の増減　②通貨の膨脹、縮小　③米価政

策　④財界の好不況、投機

　2.　社会的動因

　　①人口の増減、都市集中度、生活程度の変化

　　②戦争、動乱などの非常時局

　3.　自然的動因

　　①気象条件　②天災地変などによる交通、運輸

状況の変化

　中沢氏の要約は以上のとおりであるが、筆者の見解
では米価変動の主要原因は、米の供給、物価の動向、
米価政策の3点になる。そのうちでももっとも大きな
直接原因は供給量である(3)。この供給量はその年の
収穫高の豊凶、外国からの輸出入量、前年からの繰り
越し高で決まる。その場合米あるいは穀物一般につい
ては供給、需要ともに弾力性が小さいため、供給量の
変動よりも価格の変動の割合がはるかに大きい(4)。
　以上を米価の当面のあるいは短期的な変動要因とす
れば、一方では米価は、長期的には米の生産費に規制
される。米価が常に生産費を償い得ないものであれば
米作自体が成り立たないからである。しかし戦前の日
本の米については、農民は自家労働力で生産した米の

うち一部を自家用米として自給する小農経営が普遍的であり、計算上の生産費が米価を下回っても生産は維持された(5)。また低米価は産業資本の不変の要求であった。これらの事情で実際には米価が生産費を下回ることも多かったのである。参考までに帝国農会が米の生産費調査を始めた1922年以降の米の生産費と米

米の生産費、庭先米価、平均米価などの推移（円／60キロ）

区　分年	帝国農会自作平均	農林省自小作平均	帝国農会庭先米価	平均米価
1922	37.63		27.35	35.14
1923	37.72		31.98	32.76
1924	36.98		38.21	38.58
1925	32.51		37.24	41.61
1926	33.67		34.32	37.86
1927	29.44		30.48	35.26
1928	28.41		27.87	31.03
1929	26.38		27.12	29.07
1930	26.11		17.80	25.60
1931	22.99	20.58	16.07	18.47
1932	21.83	20.86	19.08	21.17
1933	23.10	22.17	20.74	21.62
1934	28.09	27.95	27.41	26.11
1935	27.66	26.79	28.39	29.87
1936	25.80	24.73	28.36	30.69
1937	25.87	26.43	30.38	32.36
1938	28.45	28.60	32.85	34.27
1939	31.83	31.07	40.94	37.29

（注）帝国農会「米生産費調査資料」「米生産費に関する調査」農林省「米穀及び麦類の生産費調査」による。

価の関係を次に示す(6)。なお農林省は1931年の米穀法改正を契機に継続的な調査を始めた。

　農民にとって生産費と米価の比較とは生産費と庭先米価との比較である。これで見る限り1935年以来ようやく庭先米価が生産費を上回る状態が続くが、それ以前の13年間については庭先米価が生産費を上回るのは5年のみである。しかもそのうち4年はかろうじて上回る状態であった。

(1)　米および小麦の1997年の世界生産量などの予測は次のとおりであった。

（単位：100万トン）

	生産量	貿易量	貿易率
米（精米ベース）	377.3	18.1	4.8%
小麦	581.0	90.9	15.6%

（注）　平成8年度農業白書附属統計表197〜8ページより作成

(2)　中沢前掲書4〜6ページ。

(3)　米の需要量が米価に及ぼす影響は少ない。家本氏によると、1915〜31の期間分析ではあるが、米穀需要と米価との関係は、消費高が米価に及ぼす影響よりも米価が消費高に及ぼす影響がはるかに著しいとされる（家本前掲論文90ページ）。

また八木氏は、1907 〜 29年の期間においては、食用消費高と内地米収穫高の間には確実なる順の相関関係を立証しえたが、食用消費高と米価との間には確実なる逆の相関関係は認めえなかった、と述べておられる（八木芳之助「米穀の需要について」『経済論叢』32巻1号157ページ）。

(4)　これはキングの法則と言われるもので、17世紀のイギリスの小麦について、供給が10％、30％、50％減少すれば価格はそれぞれ30％、160％、450％分上昇するというものである（八木前掲書65ページ）。この数字の妥当性は別としても、米についても傾向的には妥当すると言えよう。

(5)　戦前の低米価構造について持田恵三氏は次のように述べておられる。

　　高額小作料は農民の生活水準を圧迫し、それを低く押えつけた。農民の低い生活水準はその自家労働の再生産費を安くし、米の生産費を引き下げた。多くの農民にとって米は商品であるよりも自給用、地代用の生産物であった。その販売は自給余剰の販売にすぎず………。この上にさらにコストがゼロである小作米が

米穀市場を圧迫し、………。これらの諸条件は米価を低水準にする原因であり、低米価は特に農民にとって体制的な法則であった（持田恵三『米穀市場の展開過程』304ページ）。

(6) 農林省米生産費については、農業資本に対する利子が算入されていないこと、自家労働評価に農業日雇賃金を適用したことなどが問題であった（桜井前掲書125ページ）。

Ⅱ-2　米の流通機構とその役割

　ここでは米価形成の場としての米の流通機構を食管法以前と以後について述べる。両者の比較を見ることと、また今後も政策の継続性の考慮は必要と考えるからである。

Ⅱ-2-1　食管法以前の流通機構（1868〜1941年）

　この時代の米の流通と価格形成は基本的に自由であった。1921年に恒久的な米価調節を目的とする米穀法、次いで1933年に米穀統制法が成立したが、法

にもとづく政府の米の買入、売渡においても政府は多数の自由な買手、売手の一員として米穀市場に参加したにすぎなかった。

　次の図は内地産米の流通経路を示したものである。

(注)産業組合系統(現在の農協系統)の進出は1920年代以降である。
桜井前掲書189ページによる。

　ここで正米市場は現物取引を行い、米穀取引所は先物取引による差金授受を中心とし、現物取引をほとんど伴わない清算取引を行っていた。当然投機の対象となったが、同時に取引者にとっては米取引に伴う危険回避の保険機能をも果たすものであった。明治以来、政府は米穀取引所の投機性に着目して、米価の大幅変動の際にはしばしば取引停止の措置を講じて米価の沈静を図った。

　とにかくこの時代の米穀取引所の機能は、投機的取引が行われることによって、価格形成がなされ、それが実物取引の価格に重大な影響を及ぼしたのである(1)。

しかし1921年の米穀法の施行とともに取引高は減
少に転じ、1933年の米穀統制法制定以来著しく減少
した。政府による米の買入、売渡の需給調節、さらに
は政府買入の最低価格、政府売渡の最高価格の公示
（原則として最低米価には生産費、最高米価には家計
費が考慮され、この原則は今日まで政府の米価決定に
基本的には引き継がれている）による価格調節が始
まった結果、米価変動の幅が縮小し、それとともに投
機の妙味が薄れていったからである。自由市場が原則
とはいえ、政府の政策意思が市場に心理的圧迫を加え
たことも否めない。米穀法、米穀統制法の米価調節政
策は米穀取引所の活動に影響したのである(2)。現物
取引である正米市場の売買高は、ずっと少なく1932
年の取引高は総計120万トン、そのうち内地米は45万
トン程度であった(3)。

Ⅱ-2-2　食管法以後の流通機構（1942年以降）

　政府は1939年、米価高騰を抑制するため「米穀配
給統制法」を制定し、政府の設定する米の最高販売価
格を超える価格での販売を禁止した。戦時体制が強ま
るなかで、移入米の減少、輸入米の途絶による米不足

が現実化したからである。米穀統制法による最低、最高価格は市場価格を拘束するものではなかったが、米穀配給統制法は市場価格を拘束するものであり、これが米価の直接統制の始まりであった(4)。1942年に食管法が成立し、米は生産者保有米を除いてすべて政府が買い入れ（供出制度）、食糧営団を通じて計画的に国民に配給されるようになった。米の生産から流通に至るまで政府の直接統制の対象となったのである。

①1942年の食管法成立から終戦直後の配給統制時期

（注）桜井前掲書258ページより

ここでは米の生産、流通はすべて政府の直接的、一元的管理下に置かれ、正米市場、米穀取引所は廃止された。米穀商組合やその他の食品組合などが食糧営団、配給所に再編成され消費者への配給を担当した。この結果、生産者米価と消費者米価の二重米価制が設定され、いずれも政府が決定した。米の絶対的不足によるやむを得ぬ措置であった。戦後数年間も米不足が続き、直接統制にはつきもののヤミ値がはびこり、消費者に

とっては苦しい時期であった。

　②新食糧法施行までの時期

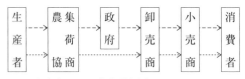

---- 政府米　…… 自主流通米

（注）馬場啓之助・唯是康彦編『日本農業読本』より

　戦後の米不足も1955年の大豊作と、それに続く順調な生産増加で1960年頃には需給はほぼ均衡した。1955年には供出制が農民の事前売渡申込制に変わり、政府の全量買入の制度は崩れた。一方配給制も有名無実なものとなり72年には廃止された。

　その後1967年の豊作を契機に米過剰が決定的となり、1969年には政府の手を通さない自主流通米制度が発足し、1970年から減反による生産調整が開始された。1992年には政府買入米157万トンに対して自主流通米は3倍に近い451万トンに達している(5)。食管制は形骸化したかに見える。

　しかし政府による生産調整は存在し、流通の主流を成している自主流通米の計画も集荷業者が農水省の認可を受けて定め、価格も政府買入価格に一定の幅でリ

ンクしている。また集荷業者は農林水産大臣の指定制となっており、しかも集荷は産業組合の後身である農協が95%のシェアを占めている⁽⁶⁾。卸売、小売業者も都道府県知事の許可制である。

1995年11月に施行された新食糧法では、①政府の役割を150万トン程度の備蓄米とミニマム・アクセスにもとづく輸入米の管理にとどめる、②減反は農家の自主性に任せる、③出荷業者、卸・小売業者は登録制（届出制）にする、などの自由化を盛り込んでいる⁽⁷⁾。

以上が流通機構の推移である。筆者の私見では、戦中、戦後の食管制は食糧の絶対的不足のもとでは必要悪として認めざるを得ないが、新食糧法下では流通の自由化を推進すべきと考える。また日本人の主食としての米の重要性を考えると、供給の安定と適正な米価、米価の安定はこれからもゆるがせにはできない。そのためには、あくまでも自由な流通を基本としながらも、政府の時代に即した米市場への介入は必要である。

(1) 松田延一『日本食糧政策史の研究 第一巻』80ページ。
(2) 米穀取引所の売買高は、1922年に約4900万トンの最高を記録したが、1930〜32年には平均約3000万トンに、

1937年には約750万トンにまで減少した（桜井前掲書 192〜3ページ）。

(3) 鈴木博「戦前の米の流通機構について」『農林金融』15巻11号29ページ。

(4) 米穀配給統制法の内容は、①米穀商の許可制、②政府は米穀の配給統制上必要な命令ができる、③米穀市場を半官半民の日本米穀株式会社に限定、の三点であったが、この措置は②を適用したものである。なお日本米穀株式会社は後の食糧営団の中核として編成替えされた。

(5) 平成5年度『農業白書附属統計表』。

(6) 馬場・唯是編前掲書173ページ。

(7) 『朝日新聞』（大阪）1995年1月6日、朝刊。

Ⅲ．米の供給と米価

ここでは第Ⅰ節で明らかにした趣旨にしたがって、明治初期（具体的には内地米生産量の継続的統計が開始された明治10年、1877年とし、それ以前の時期については次章の米価政策において必要に応じて取りあげる）から直接統制が開始される直前までの全期間を

通じての米の供給と米価との関連を中心として分析する。その際この期間を米穀法施行の前後に区分し、さらに前半をほぼ自給自足の時期と輸移入が常態となった時期に区分して分析する。

Ⅲ-1　米穀法施行前
（明治10年～大正9年、1877 ～ 1920年）

Ⅲ-1-1　自給自足の時期（明治10 ～ 35年、1877 ～ 1902年）

　この期間の内地産米はほぼ自給自足の状態にあり、むしろ一時期には米の輸出が国際収支に貢献した。明治初期の数年及び1890年以降、輸移入は継続的なものになるが、不作、凶作の年を除いては量は少なかった。一方輸出もほぼ全期間を通じて併存し、特に豊作であった1888 ～ 89年には合計42万トンが輸出された。記録でとらえられる限りの全期間の輸出は232万トン、輸入は315万トンである。73万トンの輸入超過であるが、1897 ～ 98年の不作のため合計111万トンの大量輸入が行われたことを考え合わせると、全期間を通じてはほぼ自給自足の状態と言ってよい。

そうかと言ってすべての国民が米を十分に食べてい
たわけではなかった。当時から戦前に至るまで米作の
裏作として麦が栽培され、農民の自給食糧となってい
た。特に農民の半数以上を占めた小自作農や小作農は
米は小作料として地主に納め、残った米と麦や雑穀を
主食とするのが普通であった。1881年の農商務省調
査によると全国平均の常食の構成は、米51%、麦28%
となっており、また1879年の大蔵省の調査では、一
人当たり年間米消費量は農村は114キロ、都市部は
183キロとなっている(1)。農村でも米食の比率は徐々
に上がっていったが、ほぼ米食のみとなったのは太平
洋戦争後のことである。
　このような前提のもとでの自給自足であり、輸出で
あった。その意味では一種の飢餓輸出であった(2)。
　始めにこの時期の内地生産量、総供給量と米価の推
移を見る。総供給量とは内地生産量に輸移入量を加算
し、さらに輸移出量を減算したものである。自給自足
と言っても必ずしも国内生産量や総供給量がほぼ一定
に推移したことを意味するものではない。これは米に
限らず他の生産物すべてに、またどの時代にもあては
まることであるが、社会は静止しているものではなく、

常に人口や産業構造、さらには国民所得などが変化している。

そこで統計が整備されている1877年を始点として、この期の前期、中期、後期の3時点で、供給量、米価などをそれぞれ3年間の平均値で示したのが下表である。

米の供給量、米価などの推移

区分	1877〜79年	1889〜91年	1900〜02年
内地生産量（万トン）	383（100）	574（150）	640（167）
総供給量	377（100）	573（152）	653（173）
内地生産自給率（％）	101.6	100.2	98.0
人口（万人）	3,626（100）	4,000（110）	4,460（123）
一人当総供給量（キロ）	104（100）	143（138）	146（140）
平均米価（円）	6.68（100）	7.33（110）	12.27（184）
対同上値開き率（％）	23.6（100）	36.6（155）	22.3（94）

（注）1. 国内生産量は前年秋の収穫量（以下特に明記しないかぎり同じ）
　　　2. （　）内は指数の推移
　　　3. 値開き率とは、その年内の米価の騰落幅を平均米価で除したもので、年内での米価の変動の大きさを示す。いずれも暦年基準。
　　　4. 末尾付表および表1（177ページ）より作成

これで見ると、1877年から1902年の26年間に内地生産量、総供給量が約1.7倍前後に伸び、またほぼ自給自足の状態が後期には若干崩れていく状況が分かる。すなわち1893年頃までは輸出が輸入を上回ったため

総供給量が内地生産量以下になったが、それ以後輸入が増加し始めたため前者が後者をわずかながら上回っている。

　一方この間、人口が23%増えて、一人当たり総供給量が40%増加した。一人当たり供給量の大幅な伸びは、日本の工業化の進展、それにともなう都市人口の増加を物語るものである。一人当たり供給量は各年度の繰り越し量を考慮に入れないため必ずしも消費量と同じものではないが、長期的には消費量と一致するはずである。繰り越し量が統計的に整備されるのは1913年以降のことなので、ここではあえて供給量をとった。

　以下にこの間の年ごとの需給の変化と米価との関連を、統計にしたがってやや詳しく追ってみよう。短期的な関連を見るためである。

　①内地生産量と総供給量
　自給率100%を越える年（内地生産量＞総供給量）16年
　自給率100%未満の（内地生産量＜総供給量）　　9年
　自給率100%の年（内地生産量＝総供給量）　　　1年
　このうち総供給量が内地生産量を上回るのは、ほぼ

後半の時期に集中しており、自給態勢が崩れ輸移入依存の傾向がうかがわれる。しかし1898年の凶作による大量輸入を除いては輸移入量は少なく、むしろこの時期は米の積極的な輸出が行われた唯一の時期であった。自給率の期間平均は99.7%である。

　②総供給量と平均米価

　　総供給量の減少　→　米価上昇の年　　　10年
　　総供給量の増加　→　米価上昇の年　　　 7年
　　総供給量の増加　→　米価下落の年　　　 6年
　　総供給量の減少　→　米価下落の年　　　 2年

　この25年間の米の総供給量と米価の関係のうち、16年間は供給の増減が米価の低落、上昇に結びついている。需給量と価格の原則が反映されていない残りの9年間についての事情を検討しよう。

　まず1878、80年は供給、米価ともに上昇しているが、これは西南戦争後のインフレの影響と、76～7年の米価低落の上方修正の結果である。なお1880年の実質米価は微落している。1882、84年は供給、米価ともに下落しているが、インフレの収束と不況のための物価下落の影響によるものである。1893、95年

は供給、米価ともに上昇したが、米価の上昇幅は低く実質米価はいずれも下落している。1998年は供給は微増、米価は25％増しであったが、これは前年の不作に続く凶作の年に当たり、大量の輸入で供給を確保したためである。1901〜1902年は供給の大幅の増加にもかかわらず米価は上昇した。しかし上昇幅は小さく、1899年の暴落に対して1900年に続いて起きた米価の上方修正と見られる。

　③米価の季節的変動と値開き率

　年間における米価の季節的変動は他の諸物価に比して著しい。そこでまずこの期の米価変動の月別分布を見る。

最高値と最安値の月別分布

区分	1月	2月	3月	4月	5月	6月	7月	8月	9月	10月	11月	12月	計
最高値	3	2	0	0	0	1	2	5	1	3	2	8	27回
最安値	7	1	1	3	2	3	0	1	1	2	0	6	27回

（注）1. 上表の対象期間は26年間であるが、1年間に最高値、最安値をそれぞれ2カ月記録した年があったため27回となった。
　　　2. 農林省米穀部『米麦摘要・米麦関係法規』1941年より作成（以下同じ）。

　これで見ると、最高値は収穫期から数カ月と収穫前

のいわゆる端境期にほぼ集中している。収穫期の高値は不作、凶作の影響である。一方最安値は過半が収穫期に集中し、他はかなりのばらつきがある。逆に豊作または豊作予想の影響が大きい。いずれも収穫期に出荷の集中度が高く、豊作、不作によって大きく動く米価の特徴が表れている。たとえば、12月に8回の最高値を記録しているが、それに該当しているのは1878、80、84、89、91、96、99、1902年に当たり、いずれも不作または凶作の年である。

　また7月、8月の端境期に高値がかなり集中するのは、供給の減少と保管料などの経費がかさむためである。

　一方では年間における米価の季節的変動は、月々の米価を不安定なものとし、年間の平均米価に対する値開き率に影響する。そして値開き率の拡大、縮小はそれぞれ米価の季節的乱高下と安定を意味する。

　この期の値開き率の平均は29.6%であるが、平均値を上回る年は26年中9年である。具体的には1880、83〜84、89〜90、97〜99年であるが、それぞれの年の米の供給量と米価との強い関連は特に見られない。ただ値開き率の高い年が2〜3年継続する点から見て、

供給量や米価が一旦不安定になると、その安定化や修正にかなりの期間を要することが分かる。

このような季節的変動の平準化は米価政策の大きな課題となるが、それについては後に触れることにする。

④米の輸出入と米価

この時期はわが国において商業ベースでの米の輸出が行われた唯一の時期であった。当時からアジア諸国は米の主要生産国であり、また輸出国であったため日本の輸出先はほぼヨーロッパ諸国に限定された。

しかし本格的な輸出が行われたのは1899年までで、1890年代以降はむしろ輸入が輸出を上回ることが多くなり、目立つのは1899年の大豊作による16万トンの輸出くらいであった。

ここでは米の供給および米価と輸出との関連を検討する。期間中に10万トン以上の輸出超過があった年は、1878、88、89、99年の4回であったが、いずれも前年に比し豊作の年であった。そのうち78、89年の2回は米価が上昇、他は下落している。輸出量の最高は89年の24万トンであるが、内地生産量に対する比率はわずかに0.4％にすぎず、米価への目立った影

響はなかった(3)。

　次に外米輸入と米価との関連について検討する。この期の米の輸入超過が20万トンを超えたのは、1890、97、98年の3回で、それぞれ25万、20万、77万トンの輸入超過であった。いずれも内地米が不作または凶作の年に当たり、米価は高騰している。外米は品質、味覚において日本人になじみにくく、そのため内地米不足のときには都市下層階層、労働者層さらに一部の農民層が購入したが、広く一般には普及せず内地米の価格抑制には限界があった。高米価の時期は外米も需要が増え値上がりするが、内地米との価格差は低米価のときよりは大きくなるという現象を呈した(4)。しかし外米輸入が内地米から外米へのシフトを通じて、内地米の高騰をある程度抑制する役割を果たした。また外米輸入は日本到着に相当の期間を要するため3月ないし7月に多い。この時期は内地米価格が季節的に漸次騰貴する時期に当たるので、この面でも内地米価格抑制の効果があった(5)。

　下表は1890年と1900年の主な輸移入先からの米価と内地米米価の比較を示したものである(6)。

内地米と外米卸価格（円／玄米150kg当たり、（　）内は対内地米比％）

区分	内地米	ビルマ米	サイゴン米	台湾米	朝鮮米
1890	8.94　(100)	6.68　(75)			
1900	11.93　(100)	9.27　(78)	8.98　(75)	9.25　(78)	9.87　(83)

(注) 台湾米のみ移入米である。

　このように輸移入米の価格は国内米との格差が存在
し、時期によってその程度は異なったが格差はおおむ
ね存在した。

　⑤米価と物価水準

　米価も物価を構成する重要な一要素である。ただそ
れが主食として、たとえ一日であっても欠かすことの
できないものであること、天候その他の自然条件に収
穫が左右されること、年に一度の収穫しか望めないこ
となどの故に、一般物価水準に大きなウエイトを占め
ながらも独自の価格体系を形作っている(7)。

米価と卸売物価の推移

区　　分	1877～79年	1889～91年	1900～02年
平均米価（円）	6.68　(100)	7.33　(110)	12.27　(184)
卸売物価指数	100	112	176
実質米価指数	100	98	105

(注) 1.　（　）内は、米価を指数化したもの。
　　　2.　末尾付表および表1（177ページ）より作成

まず前ページの下表によって米価と卸売物価の推移を見る。

　これで見ると米価は全体としては卸売物価よりやや高い水準となっているが、これを物価上昇の影響を除去した実質米価で見ると約5％の上昇を示している。すなわちこの期末の米価は物価上昇率を5％上回ったことになる。この間内地米自給率は3.6％低下しているので、米価の上昇はいくぶんかは自給率の低下によると思われる。しかしこの時期は日本の繊維工業など軽工業を中心とする工業化の進展の時期でもあり、農産物と工業製品の価格差の開き（シェーレ）もいくぶんかは影響したものと思われる。

(1) 大豆生田稔『近代日本の食糧政策』46ページ。

(2) 持田恵三『日本の米』31ページ。

(3) この期の輸出と米価の関連について大豆生田氏は、1886年の『東京経済雑誌』の記事及び89年の東京府の調査を引用のうえ、80年代後半の大量の米穀輸出は米価を下方硬直させ、暴落を抑制して価格維持に一定の効果を果たした、との趣旨を述べておられる（大豆生田前掲書18ページ）。

（4）持田恵三『米穀市場の展開過程』60ページ。

　　　この理由について、八木氏は次のように述べておられる。「これは消費移転の行われる程度が少ないから、外米相場が騰貴するにしても内地米の騰貴の勢におよばず、また下落する際にも内地米下落の程度におよばず、最下限は産地相場に運賃を加えたものでなければならぬから、内地相場の低い年にはその値開きは極めて小さいものになる。もし外米が品質、風味の点において内地米と同様であり、自由貿易のもとにおかれるならば、内地米高騰の折には外米が大量に輸入されて内地米価格の高騰を抑え、両相場を同一水準に帰せしむる」（八木前掲書306ページ）。

（5）八木前掲書377ページ。

（6）大豆生田前掲書、53ページの表1-9及び67ページの表1～11より作成。

（7）米価と物価の基本的な関係について八木氏は次のように述べておられる。「資本主義商工業の発達が幼稚なる往時には国民経済上における穀物の地位は極めて重大で、穀物価格が一般物価を支配すること大であるが、資本主義の発展にともない商工業の重要性がますます加わり、穀物価格そのものも一般物価の変動に影響せ

表1　米関係主要指数表（自給自足の時期）　1877年＝100

年 区 分		内 地	総供給	自給率	平均米	対同左	実質米
西暦	年号 （明治）	生産量	量	％	価暦年	値開率	価率
1877	明10	100	100	102	100	100	100
1878	11	108	106	103	117	140	113
1879	12	102	104	100	144	117	137
1880	13	128	130	100	195	191	176
1881	14	127	129	100	202	86	177
1882	15	121	122	101	161	192	151
1883	16	124	125	100	113	214	114
1884	17	123	124	102	93	172	100
1885	18	110	112	100	118	124	122
1886	19	138	138	102	101	68	103
1887	20	150	152	101	90	30	87
1888	21	162	159	103	89	95	81
1889	22	156	152	104	108	281	95
1890	23	133	143	95	161	191	135
1891	24	174	176	101	127	82	114
1892	25	154	157	100	130	35	111
1893	26	167	169	101	133	92	110
1894	27	151	157	98	159	146	124
1895	28	169	172	100	160	69	116
1896	29	161	164	100	174	82	117
1897	30	147	154	97	216	158	132
1898	31	134	157	87	270	237	156
1899	32	192	192	101	180	152	103
1900	33	160	166	98	215	59	116
1901	34	168	174	98	220	131	124
1902	35	190	196	99	228	148	127

（末尾付表より作成）

られることが多くなる。このことは米価についてもある程度妥当する」（八木前掲書56ページ）。

　このことは総供給量と平均米価が、時代とともに需給の法則に合致しない年が多くなることにも表れている。

Ⅲ-1-2　輸移入が常態となった時期（明治36年〜大正9年、1903〜1920年）

　この期間の最初の年、1903年には内地産米の凶作を受けて、これまでにない84万トンの大量の外米輸入（うち4万トンは台湾からの移入）が行われた。そしてこの年を画期として従来に比して大量の輸移入が恒常的なものとなり、内地産米の需給のバランスははっきりと不足に転じた。生産は順調に伸びたが、一方で人口の増加、工業化の進展にともなう一人当たり消費量の増加があったからである。また1918年には米騒動が起こり、初めての本格的な米価政策が模索されるなど、米にとっても波乱の期間であった。

　まずこの期の前期、中期、後期の3時点で、供給量、米価などをそれぞれ3年間の平均値で示す。

米の供給量、米価などの推移

区分	1903～05年	1911～13年	1918～20年
内地生産量（万トン）	674（100）	743（110）	851（126）
総供給量	755（100）	790（105）	941（125）
内地生産自給率（％）	89.3	94.1	90.4
人口（万人）	4,629（100）	5,085（110）	5,529（119）
一人当たり総供給量（キロ）	163（100）	155（95）	169（104）
平均米価（円）	13.50（100）	19.88（147）	41.12（305）
対同上値開き率（％）	17.1（100）	21.6（126）	54.0（316）

(注)（1）一人当総供給量は、1918～20年については一人当たり
消費量を示す。
（2）末尾付表（231ページ）および表2（189ページ）より作成

　これで見ると、1903年からの18年間に内地生産量、
総供給量がともに25％程度増加しており、輸移入が
国内生産量にほぼ比例しながら伸びている。1911～
13年の一人当たり総供給量の減少は、1911、13年の
不作とそれに伴う米価高騰が影響したためである。ま
た期末には総供給の10％程度を輸移入で補うように
なった。では期間中の推移を詳しく追ってみる。

　①内地生産量と総供給量

　全期間を通じて自給率は100％を割り、自給率の期
間平均は93.3％である。また1914年から統計のある翌
年への繰り越し量を加減した総消費量で見ても93.5％

とほぼ同様の結果となっている。自給率が90%以下となるのは、期間の初めの1903〜4年と終わりの1918〜19年の4年間であるが、いずれも凶作、不作の年で米価も高騰している。

米騒動の起こった1918年の自給率は90%である。それ以前の3年間が96〜98%で推移しているので、この年の内地米が急激な不足状態に陥っていたことが分かる。ちなみにこの年の輸移入は98万トンと前年の2倍以上の過去最高を記録したが、翌年への繰り越しは35万トンと前年より半減している。

②総供給量と平均米価

総供給の増加	→	米価下落の年	5年
総供給の減少	→	米価上昇の年	5
総供給の増加	→	米価上昇の年	5
総供給の減少	→	米価下落の年	1
総供給横這い	→	米価上昇の年	1
		米価下落の年	1

ここでは18年間の米の総供給量と米価の関係のうち、ほぼ半数の10年については供給の増減が米価の下落、上昇に結びついているが、他の8年は需給と価

格の原則が反映されていない(1)。それでは後者について それぞれの事情を見よう。

　まず総供給の増加にもかかわらず米価が上昇した年を見る。これに該当するのは、1907、12、17、18、19の各年であるが、その変動を比率でまとめたのが下表である。

年区分	1907年	1912年	1917年	1918年	1919年
総供給の対前年比増	18.8%	10.6%	4.2%	1.3%	5.3%
平均米価の対前年比増	12.0	20.8	47.8	61.0	40.4
卸売物価の対前年比増	7.9	5.7	25.6	31.1	22.5
実質米価率 (1903年＝100)	91.1	113.4	74.8	91.9	105.3

　このうち1907、1912年は供給の大幅増にもかかわらず米価も物価を大幅に上回る高騰を示した。しかし実質米価率で見ると、1907年は1903年水準の91.1%にすぎず、米価の物価水準へのサヤ寄せの過程と見ることができる。1912年については米価のみ高騰を示したが、14、15年と暴落し15年の実質米価率は63.6%にまで落ち込んだ。このような価格変動のパターンは米価の大きな特徴となってしばしば現れるのである。1917〜19年の3年間は米騒動の前後の期間であるが、

ここでも供給の増加のなかで米価は物価水準への後追いをしている形である(2)。物価水準が上昇すれば米の生産費も上昇するのであれば、当然の結果と考えられる。

1914年は供給の微減に対して米価は24％の暴落となったが、前述の12年の高水準の反動であった。1913年は供給の横這いに対して米価の微増が見られたが、12年の高騰の名残と見られる。1920年の供給横這いに対して米価はわずかに低落した。米騒動後の高値安定がここまで続いた。

③米価の季節的変動と値開き率

この期の年間における月ごとの米価の動きを、次の表によって最高値と最安値の月別分布で見る。

最高値と最安値の月別分布

区　分	1月	2月	3月	4月	5月	6月	7月	8月	9月	10月	11月	12月	計
最高値	3	1	0	0	0	1	2	1	3	2	3	2	18回
最安値	7	1	2	1	0	0	0	0	0	1	0	6	18回

これで見ると、最高値は収穫期から数カ月と収穫前のいわゆる端境期に集中している。しかし月別にはか

なり分散の傾向が出ている。米騒動の期間があり、また米の輸入が恒常化したため、米価の動きも複雑になったためと思われる。試みにこの期の不作の年7年の最高値の月別分布を見ると、1月に2回、7、9、10、11、12月に各1回と分散している。

　しかし最安値はほとんどが収穫後に集中する傾向が強まっている。特に豊作の年は大部分が12、1月に集中している。

　一方この期の18年間の値開き率の平均は30.3%である。平均値を超える年は6年であるが、うち4年は1917〜20年の米騒動の前後である。参考までに明治元年を別として、最も値開き率の高かったこの時期の米価の値開きの状況を見よう(3)。

（60kg当たり平均米価、単位＝円）

区分	1月	2月	3月	4月	5月	6月	7月	8月	9月
1917	16.37	15.81	15.95	16.28	17.27	20.30	21.93	21.14	21.45
1918	24.03	25.13	26.35	27.38	27.67	28.68	30.59	39.18	38.73
1919	40.72	40.72	37.16	38.96	42.54	44.38	48.47	50.24	51.60
1920	54.63	54.00	54.54	51.75	50.60	44.42	45.36	45.18	39.13

区分	10月	11月	12月	平均米価	最低〜最高値	同左幅	値開き率
1917	23.82	29.93	23.86	20.34	15.81-29.93	14.12	69.4%
1918	44.41	40.03	40.59	32.75	24.03-44.41	20.38	62.2
1919	51.24	52.08	53.80	45.99	37.16-53.80	16.64	36.2
1920	37.25	32.37	26.31	44.63	26.31-54.63	28.32	63.5

この期間中の米価の動きを見ると、1917年当初の16円前後からほぼ一本調子で値上がりを続け、3年後の1920年1月に54円台（約3.5倍）の最高値に達し、2月以降下落に転じてその年の12月には26円台（約1.7倍）と急速に落ち込んだ。この間の1918年7月、30円台（約1.9倍）のときに米騒動が起こった。米価上昇は騒動後もずっと続いたのである。この一連の米価の上昇と下落が最高の値開き率を生み出したわけである。またこの動きが1910年の米穀法成立の直接のきっかけとなった。

④米の輸移入と米価

この時期から日本は恒常的な米の輸入国となった。内地米の期間平均自給率は93.3%であったから、需要量の7%弱を輸移入に依存していたことになる(4)。輸入先はビルマ、タイ、ベトナム、朝鮮（1910年の日韓併合で移入先となる）などであった。移入先は台湾と朝鮮であった。当初は輸入が圧倒的に多かったが、移入も徐々に増加し、1915年以来移入が輸入を上回るようになった。この頃から朝鮮米の移入が大幅に増加したからである。ただ米騒動の起こった1918年及

び翌19年は外米の緊急輸入が行われたため、一時的に輸入が移入を上回った。期間を通じての輸移入量と輸移出量は以下のとおりである(5)。

　　　（輸移入量）　　　　　　　　　　（輸移出量）

輸入　　　　　　　651万トン　　輸移出　116万トン

朝鮮からの輸移入　229万トン

台湾からの移入　　218万トン

　　計　　　　　1098万トン

　　　　　　　　　差引実質輸移入量　　982万トン

　次にこの時期の内地米と外地米の価格差の例をあげる(6)。

区　分	1901～5年平均	1911～15年平均	1921～23年平均
内地産米（玄米）	100	100	100
朝鮮米（玄米）	88	87	88
台湾米（玄米）		73	54
ビルマ米（白米）	82	77	55

（注）内地産米価格を100とした指数。いずれも神戸市場での標準的中米（ビルマ米は特等）の卸売価格

⑤米価と物価水準

　この期の米価と卸売物価の推移は次の表のとおりで

ある。

米価と卸売物価の推移

区　分	1903〜05年	1911〜13年	1918〜20年
平均米価（円）	13.50（100）	19.88（147）	41.12（305）
卸売物価指数	100	119	278
実質米価指数	100	124	110

（注）末尾付表（231ページ）および表2（189ページ）より作成

　この期は最終的には米価水準が物価水準を上回り、実質米価指数も110となった。しかしすでに見たように期中においては米価の変動は実に波乱含みであった。上の表には表れていないが実質米価率の各年の内容を見ると、18年中実質米価率が100を上回ったのはわずかに３年にすぎず、米価は常に物価上昇を後追いする形であった。米価の安定ないしは維持上昇のための政策が必要とされたゆえんである。

　（1）　高田氏は米の豊凶と米価との関係について、1889〜1926年の分析の結果、米価の絶対額については、収穫が前年より減じてしかも米価の低落することはなく、収穫前年より増加してしかも米価の騰貴することあり、と立証されている（高田前掲論文117ページ）。また家本氏は1901〜31年の分析の結果、収穫高の対前年変

動と実質米価の変動との間には、やや積極的な逆の相関関係の存在を認められている（家本前掲論文95ページ）。以上はいずれも内地米生産高と米価との関係だが、総供給量の場合も同じ結果となっている。

(2) 河田氏は1918〜9年の米価と物価の動きを詳細に分析して、次のように述べておられる。「米価の騰貴に対して甚だしく不合理視するに当らず。米価はむしろ一般物価と呼応して騰貴し、それは一般物価の騰貴以外の米穀に特有なる理由によりて促されたる所よりも、一般物価騰貴の理由によりて促されたる所大なるべきを思わなくてはならぬ」（河田「米価の高低と一般物価の高低」『経済論叢9巻3号』120ページ）。

(3) 桜井前掲書270〜271ページ。

(4) 内地米価格、生産高と輸移入米消費量に関しては、次のような研究がある。八木氏は1900〜29年の間における内地米価格と輸移入米消費量の間にはかなりの程度の順の相関関係があり、内地米収穫高と輸移入米消費高の間には確実な逆の相関関係が存在すると言っておられる（八木前掲論文162ページ）。また河田氏は1909〜23年の間の研究で、輸入の行われる量の大小は内地市場における米価の高低と密接な関係があり、

米価高きときには輸入量多く安きときには少ない、との結論を出しておられる。（河田『米価と関税との関係について上』6ページ）。いずれも同じ結論となっている。

(5) 朝鮮、台湾よりの移入量は、大豆生田前掲書81ページ、144ページより作成。

(6) 持田『日本の米』31ページ。

表2　　米関係主要指数表（輸移入が常態となった時期）

1903年＝100

年　区　分		内　地	総供給	自給率	平均米	対同左	実質米
西暦	年号	生産量	量	％	価暦年	値開率	価率
1903	明治36	100	100	88	100	100	100
1904	37	126	123	89	92	53	87
1905	38	139	135	91	89	94	79
1906	39	103	98	92	102	55	88
1907	40	125	117	94	114	67	91
1908	41	133	123	95	111	100	92
1909	42	141	128	96	91	112	79
1910	43	142	127	98	92	156	79
1911	44	126	116	95	120	136	99
1912	大正1	140	129	95	145	118	113
1913	2	136	129	92	148	57	115
1914	3	136	128	(98) 93	112	212	91
1915	4	154	141	(97) 96	91	114	73
1916	5	151	136	(97) 97	95	139	64
1917	6	158	142	(96) 98	141	334	75
1918	7	148	144	(87) 90	227	299	92
1919	8	148	151	(88) 86	319	174	105
1920	9	165	151	(98) 96	310	305	93

（注）（　）内は前年、当年の繰越量を加減した消費量の自給率で、
1913年までは統計がない。

（末尾付表より作成）

III-2　米穀法施行後（大正10年〜昭和14年、 1921〜1939年）

　ここでは米穀法施行後の19年間の米の需給と価格を見る。1921年には日本で初めて恒久的な米価調節を目的とする米穀法が成立し、この期を通じて政府の米価への介入が実施された。しかし1931年の満州事変に端を発し、1937年の日中戦争の開始、さらには日米関係の緊迫化へと戦時体制の強化が徐々に進むなかで、1940年には米価への直接統制が実施されることになった。

　この間、米価をとりまく経済環境も大きな変動のなかに推移した。経済界は第一次大戦下の未曾有の好況の後、1920年の戦後恐慌、1927年の金融恐慌、さらには1930年からの昭和恐慌など幾多の試練を経て、重化学工業化、独占化へと成長をとげながら戦時体制に突入していく。

　米作も1932年からの農業恐慌に巻き込まれ、そのなかで米価政策も変遷を重ねることになった。

　この期は植民地を含めての自給がほぼ達成し、それにつれて外米輸入への依存が減少した。そして1925

年には朝鮮、台湾からの移入量が100万トンを超え、その後も増加し続けた。1930年代には大量の移入米が内地米を圧迫するという事態がしばしば起こり、新たな問題となった。しかし1939年の朝鮮の干害や戦争のための需要増加などにより、やがて米不足時代を迎えることになった。

　まずこの19年間の前期、中期、後期の３カ年平均でとった供給量、米価などの推移を見る。

内地生産量、米価などの推移

区分	1921〜23年	1929〜31年	1937〜39年
内地生産量（万トン）	895 （100）	934 （104）	998 （112）
総供給量	979 （100）	1,063 （109）	1,172 （120）
内地生産自給率（％）	91.4	87.9	85.2
人口（万人）	5,713 （100）	6,407 （112）	7,167 （125）
一人当消費量（kg）	170 （100）	165 （97）	166 （98）
平均米価（円）	32.90 （100）	24.38 （74）	34.64 （105）
対同上値開き率（％）	35.6 （100）	25.8 （72）	12.9 （36）

（注）末尾付表および表3（199ページ）より作成

　これで見ると、1921年からの19年間に内地生産量が12％、総供給量が20％伸びた。輸移入量の増加が目立ち、内地生産自給率が低下している状態が分かる。植民地米の急増のためである。一人当たりの消費量は減少傾向を示しているが、これは澱粉質食品が他の高

級な食品に置き換わる過程がようやく始まったことを意味している(1)。以下にこの間の年ごとの需給の変化と米価との関連をやや詳しく見る。

①内地生産量と総供給量

内地生産の自給率が90%を超すのは1921、1923年のみで、いずれも豊作の年である。他はすべて80%台となった。この期を通しての平均自給率は86%である。また毎年の翌年への繰り越し量を加減した総消費量の平均自給率も85.9%でほぼ同じである。

しかし植民地を含めての米自給政策が推進された結果、朝鮮、台湾における供給力が飛躍的に増大し、内地への移出米が輸入米に代替することになった。そのため一時的には米の過剰現象を呈したのである。

そこでこの間の植民地を含めての自給達成と過剰の傾向を、統計が整備されている1913年からの米の翌年度繰り越し量の推移で見る。

1913 〜 20年平均	70万トン
1921 〜 25	98
1926 〜 30	97

1931 ～ 35	160
1936 ～ 39	105

(注)末尾付表より作成

　この間1934年は前年の大豊作を受けて繰り越しが246万トンに達した。また39年は朝鮮からの移入が激減したため61万トンにとどまり、この頃から供給不足が徐々に顕在化することになった。

②総供給量と平均米価

総供給量の増加	→	米価上昇の年	６年
総供給量の増加	→	米価下落の年	５年
総供給量の減少	→	米価上昇の年	５年
総供給量の減少	→	米価下落の年	３年

　この期間は総供給量の増減が米価の下落、上昇に直接結びついているのが10年で、９年は需給と価格の原則が反映していない。ほぼ相半ばしている。そこで後者の９年についてその理由を検討する。

　まず総供給量の増加にもかかわらず米価が上昇した年について次ページの表で検討する。

年区分	1925年	1933年	1934年	1936年	1937年	1938年
総供給量の対前年比増	4.8%	9.7%	16.0%	11.0%	10.4%	3.1%
平均米価の対前年比	7.9	2.1	20.8	2.7	5.4	5.9
卸売物価の対前年比	-2.3	14.6	2.0	4.2	21.3	5.5
実質米価率（1921年=100）	134	96	113	125	108	109

　この期の米価と物価の推移を見ると、1921年基準では常に米価水準が物価水準を上回っている。例外は1933年のみである。1925年の米価上昇は1921年の暴落の修正への最後の年となった。物価水準は1921年とほぼ同水準にとどまったため米価水準が大幅に先行する結果となった。1933年については、米価、物価ともに26年より低落を続け1932年から回復に転じたが、米価の暴落がこの間に著しかったための米価回復修正である。1934年は前年に比し米価が暴騰し物価に先行する過程であった。1936〜1938年は1935年に物価水準より27％も上回った米価水準の下方修正の結果と見ることができる。

　以上のように上記の７年についての米価の動きは物価との上方サヤ寄せの結果と考えられる。しかし一方

では、1933、34、38年には米穀統制法による政府買入も実施されている。特に34、38年にはそれぞれ152万トン、60万トンの大量買入が行われ、米価上昇に寄与した点も見逃せないだろう。

次に供給の減少、米価の下落がともに生じた1927、29、30年について見る。1927年は金融恐慌の始まった年に当たり、その影響で物価、米価ともに下落した。29、30年についても世界恐慌に巻き込まれ物価、米価ともに下落した。また1921年を100とした実質米価率指数は、27年は前年の138から136に下がり、29年には114に、30年には122となっている。米価水準の修正の過程でもあった。また27、29、30年には30万トンを最高とする米穀法による政府買入が実施されている。米価下落をいくぶんでも抑制したと考えられる。

③米価の季節的変動と値開き率

この期の年間における月ごとの米価の動きを、次ページの表によって最高値と最安値の月別分布で見る。

最高値と最安値の月別分布

区分	1月	2月	3月	4月	5月	6月	7月	8月	9月	10月	11月	12月	計
最高値	1	0	0	0	0	0	3	4	2	3	2	4	19回
最安値	6	0	1	0	0	0	0	0	1	1	1	9	19回

　これで見ると、最高値は端境期から収穫期に集中はしているが、そのなかでは各月に平均的に分散している。最高値月については、豊作、不作による分布の特徴は特に見出せない。一方最安値はほとんどが収穫後に集中している。この傾向は米穀法施行後も変わらない。むしろこの期の度重なる不況の影響で米の売り急ぎが生じた影響が大きい。

　一方この期の値開き率の平均は20.4と大幅に低下している。平均値を超えた年は7年であるが、うち3年は1921～23年の間で、これは米騒動前後の米価高騰の沈静化の過程でもあった。その後は急速に値開き率は低下していく。30年にはこの期最高の48.8%を記録するが、昭和恐慌にともなう物価、米価の大幅下落のためである。他の目立ったところでは34年の29.1%であるが、これは安値安定していた米価が高騰に転じた時期に当たる。

④米の輸移入と米価

この時期の輸移入、輸移出状況について見る。

	(輸移入量)		(輸移出量)
輸入	436万トン	輸移出	242万トン
朝鮮からの移入	1,783万トン		
台湾からの移入	860万トン		
計	3,079万トン	差引実質輸移入量	2,837万トン

(注) 農林省米穀部『米穀要覧』1933年、1941年版より作成

このようにこの期の国内生産の需給不足分はそのほとんどが移入米によって補われた。特に朝鮮米の進出が著しく、後には供給過剰、低米価の原因ともなった(2)。

次に下表で移入米価格と内地米価格を比較する。

内地米と朝鮮米、台湾米の価格 （円／ 150kg)

区　分	朝鮮米	台湾米	内地米	区　分	朝鮮米	台湾米	内地米
1927年度	34.03	30.15	35.93	1932年度	20.43	18.35	20.69
1928	29.26	26.30	31.38	1933	21.54	19.38	21.42
1929	28.16	25.30	29.19	1934	24.29	21.48	24.90
1930	26.48	24.33	27.34	1935	30.10	26.78	29.86
1931	17.64	15.45	18.46				

(注) (1) 台湾米は蓬莱米　(2) 朝鮮米、内地米は深川正米卸値、台湾米は神戸米肥卸値の平均価格　(3) 農林省『米穀摘要』より作成

朝鮮米はその質が日本米に似ており、もともと外米

に比して高かったが、さらに品種改良も進み徐々に国産米米価に接近し、32年以降は同水準または逆に高くなった時期もあった。

⑤米価と物価水準

この期の米価と卸売物価の推移を下表によって見る。

米価と卸売物価の推移

区　分	1921 〜 23年	1929 〜 31年	1937 〜 39年
平均米価（円）	32.90 （100）	24.38 （74）	34.64 （105）
卸売物価指数	100	71	105
実質米価指数	100	105	100

（注）末尾付表（231ページ）および表3（199ページ）より作成

　以上で見ると米価は全体としては卸売物価とほぼ同水準で推移しており、期首3年平均を基準にすると期末3年平均の指数は一致している。値開き率は米価の変動に比例して変動するが、平均値開き率の縮小と考え合わせると、この期の米価はこれまでに比して比較的安定的に推移したと結論できる。

（1）持田『日本の米』30ページ。

（2）守田氏は朝鮮米について次のような趣旨を述べておられる。「昭和期でみるかぎり低米価をめぐる争点は朝

198

鮮米にあったといってよかろう。朝鮮水田所有における日本資本の侵入、二次にわたる増殖計画などによって、朝鮮産米の内地への移入は強奪的なはげしさをもち、1935年前後には内地総生産量にたいして二割におよび、大阪市場では総搬入量の六割にも達した。これ

表3　　米関係主要指数表（米穀法施行後）

1921年＝100

年　区　分		内　地生産量	総供給量	自給率％		平均米価暦年	対同左値開率	実質米価率
西暦	年号							
1921	大正10	100	100	(97)	94	100	100	100
1922	11	87	92	(88)	89	114	83	117
1923	12	96	98	(91)	92	106	50	107
1924	13	88	95	(84)	86	125	34	122
1925	14	91	100	(85)	85	135	41	134
1926	昭和1	95	102	(88)	87	123	33	138
1927	2	88	99	(83)	83	115	38	136
1928	3	98	107	(89)	86	101	34	118
1929	4	95	102	(87)	88	94	25	114
1930	5	94	100	(87)	88	83	106	122
1931	6	106	113	(92)	88	60	37	104
1932	7	87	98	(83)	84	69	47	108
1933	8	96	107	(83)	83	70	28	96
1934	9	112	124	(92)	84	85	63	113
1935	10	82	95	(74)	81	97	19	127
1936	11	91	105	(79)	81	100	22	125
1937	12	107	116	(85)	86	105	22	108
1938	13	105	120	(83)	82	111	14	109
1939	14	104	111	(83)	88	121	48	107

（注）（　）内は前年、当年の繰越量を加減した消費量の自給率

（末尾付表〈231ページ〉より作成）

が内地米と同質の米であっただけに、米価への圧力効果はまさにダイレクトであった」(守田志郎「戦前の米の流通問題」『農林金融』21巻7号17〜8ページ)。

Ⅳ. 米価と米価政策

ここでは前節の需給と米価の分析を受けて、現実にどのような政策がとられ、またその政策が米の需給と米価にどのような影響を与え、どのような効果をもたらしたかということが主題である。

Ⅳ-1 米穀法施行前
(明治元年〜大正9年、1868〜1920年)

米穀法施行前の米価政策は随時必要に応じて、言わば断片的に、応急対策的に実施された(1)。

Ⅳ-1-1 自給自足の時期 (明治元年〜35年、1868〜1902年)

1. 米の輸入

1869年は不作のため米価が高騰し、同年には10万トン、翌1870年には32万トンの輸入が行われた。

2. 米の輸出

　1870年からは3年連続の豊作が続き、一転して米価は暴落した。政府は対策として輸出奨励策をとり、1872〜1874年にかけて20万トンが輸出され、その大部分が政府の手によるものであった(2)。

　1888〜89年の豊作には42万トンの大量輸出があり、米価はほぼ横這いから上昇に転じた。しかし1890年以降米価は豊作、不作にかかわらず概して強含みに推移するので、輸出の米価維持の効果ははっきりとしない。政府の輸出奨励策もここまでで、90年以来輸入が恒常化し、政府も自らの輸出から手を引いた。

3. 備蓄米条例と米価調節

　1875年政府は貯蓄米条例を制定し、常時米を所有し、不測の事態に備えようとした。この条例にもとづき米価下落時に米を買い入れ、ほとんどを輸出した。この条例による米価調節機能は1877年に設置された常平局に引き継がれ、さらに1880年に制定された備荒儲蓄法に引き継がれ強化された。しかし損失がかさみ、財政難でいずれも89年までに廃止された。

　1875〜89年のこの15年間の政府売買実績は、買い

入れ42万トン、払い下げ18万トン、輸出24万トンと
なっている(3)。

4.　米穀取引所の設置

　1876年、東京を始め全国14カ所に米穀取引所が設
置されたが、それ以後米価高騰期には政府はしばしば
干渉し、立会停止、営業停止などで相場の冷却を図っ
た。

　この時期、比較的短期間で規模も小さかったが、そ
の意図はともかく米価調節を視野に入れた政策がとら
れたことは注目される。しかしこれ以降は注目すべき
施策はなく、市場原理に任されたのである(4)。

（1）　松田前掲書21ページ。

（2）　この時期の米価調節策は、物価政策あるいは社会政策
　　　としてではなく、むしろ財政政策が主な目的であった。
　　　すなわち政府は地租改正による税収確保のため米価の
　　　維持を必要としたのである（硲正夫『米価問題』183
　　　ページ）。

（3）　桜井前掲書27ページ。

（4）　その理由について硲氏は以下をあげておられる（前掲

書202 ～ 203ページ)。

a. 当初の米価調節の目的であった地租改正が順調に
  進んだ。

b. 米穀市場が全国的へと発展し、農民も市場適応力
  を高めていった。

c. 政府は議会の掣肘_{せいちゅう}を受け、また経済上の自由放任
  要求が高まった。

d. 米の輸入国に転換し、米価引上げ政策の必要が弱
  まった。

e. 農産物価格統制よりも生産技術の発達に政策目標
  が集中された。

Ⅳ-1-2　輸移入が常態となった時期（明治36年～大正9年、1903 ～ 1920年）

1. 関税の賦課

　1905年から米及び籾_{もみ}に輸入税が課せられた。当初
は日露戦費調達のための非常特別税法の一環として設
けられたが、翌1906年からは関税定率法によって賦
課され恒久的なものとなった(1)。この期の関税の推
移は次ページ表のとおりである。

関税推移表（円／60kg当たり）

期　　間	税　額	備　考
1905.7.1　～06.9.30	0.641	非常特別税法による。
1906.10.1　～11.7.16	0.64	関税定率法による。
1911.7.17　～11.7.28	1.0	関税定率法の改正
1911.07.29　～11.9.30	0.64	米価高騰、9月年内最高値
1911.10.1　～12.5.27	1.0	10月より一時低落
1912.5.28　～12.10.31	0.40	米価高騰、7月年内最高値
1912.11.1　～18.10.31	1.0	米価安定、旧税率に。
1918.11.1　～20.10.31	0	米騒動、米価高騰
1920.11.1　～21.11.21	1.0	米価低落傾向となる。

（注）硲前掲書207ページより作成、備考欄は筆者記入。

　以上のとおりであるが、関税については農会や商工団体の間に激しい論争があり、めまぐるしい改正が実施された。輸移入米価格は改正のつど影響を受けたのは当然としても、それが内地米価格に及ぼした影響はあまりなかったと思われる(2)。

　なお、1913年には従来輸入税と同額であった朝鮮米の移入税は撤廃された。後に朝鮮米の移入が急増し、内地米を圧迫することになるとは当時は考えられなかった。台湾米はもともと移入税は課されていなかった。

2.　米価調節令

　1915年、政府は豊作による米価低落を受けて、「米価調節令」を公布して4.5万トンの買い入れを実施したが、一時的な応急措置にとどまった。1915年以来米の生産は800万トン台に乗せ、翌年も米価は低迷した。

3.　米価調節調査会の設置

　政府は同1915年、1914年以来の米価暴落、それに続く低迷を受けて、「米価調節調査会」を設置し、需給調節対策の検討を開始した。これが後の米穀法成立の端緒となった。これに先立つ1914年にはすでに「米価調節法案」が議会に上程されていたが、議会解散により審議未了となっていた(3)。

4.　農業倉庫法

　1917年には農業倉庫法が成立した。これは米出荷の収穫時集中を防ぎ、年間における米価の季節的変動の平準化を図るため、貯蔵倉庫の建設助成を目的とするものであったが、予算規模も不十分で即効性はなかった。

5. 米騒動対策

　1918年7月に米騒動が起こった。前年1月の16円台が騒動発生時には2倍近くの30円台に上昇し、その後も一本調子で上げ、1920年初めには54円台に達し、年内に急速に下落するという経過をたどった。

　この間の政府の主な対策としては、輸出許可制、暴利取締令（1917年）。輸入税免除、外米の輸入管理、同売買価格差補給、内地米、移入米の買い入れ、売り渡し（1918年）、外米輸入、（1919年）などであったが、直接的な効果はほとんどなく、行きつくところまで行ったという感じである。

　米騒動の原因については、シベリア出兵の決定が直接のきっかけとなり、市場の投機がそれをあおったと言われた(4)。それは商人の買い占め、売り惜しみなどとなって現れたが、不特定多数の一般消費者の買い溜めなども無視できないだろう。

　そこで騒動前後の第一次世界大戦の年から戦後恐慌の1920年までの米の供給、価格、物価などの動きを示す。

区分	内地生産量 （万トン）	総供給量 （万トン）	平均米価 （円）	米価指数 (1903年=100)	卸売物価指数（同左）
1914年	754	813	16.13	112	123
1915	855	891	13.08	91	124
1916	839	862	13.76	95	150
1917	877	898	20.34	141	189
1918	819	910	32.75	227	248
1919	821	958	45.99	319	303
1920	912	955	44.63	310	334

　これで見ると内地米の供給は1917年は豊作、1918、1919年は不作とはいえ、総供給量は不足の気配はない。ただし物価は大戦景気で上昇を続けたにもかかわらず、米価は豊作の影響で1915、1916年は逆に大幅な下落となった。結果的に見ると騒動時の米価急騰は遅れていた物価水準へのサヤ寄せと言える。

(1) 外米関税賦課の目的については、八木芳之助氏『米価及米価統制問題』327〜328ページに詳しい。通説として要旨を以下に紹介する。「その目的は主として戦時における歳入増加を図る財政関税にあったが、関税委員会の政府委員の言にもあるように、立法者は幾分これによって内地産米の価格が高まることを期待したようである。さらに1910年関税定法が改正され、輸入税は凶作の場合には勅令を以て期間を指定し低減する

ことができる旨定められてより、外米関税は従来の財政関税より米価維持を目的とする保護関税へと転化された」。

(2) 関税の米価への影響については以下に二、三の見解をあげる。

八木氏は輸入米価の国内市場価格は明らかに引き上げられるとし、内地米価格への影響を次のように述べておられる。「すなわち関税によって外米相場を高め、これが内地米価格との値開きを縮小し、従来の外米消費者を内地米消費に向かわせ、多少なりとも内地米需要を喚起することによって内地米価格に影響をおよぼす。しかし内地米への国民の執着に変化がない限り関税の作用ははなはだしく僅少であり、重大な農業保護の積極性は見いだせない」（八木前掲書403ページ）。

河田氏は、関税によって外米価格の国内市場価格はかなり著明な影響を受けるとしながら、「内地米価格はほとんど影響を受けない。したがって米穀関税は外国米の消費者には大いなる利害関係を有するが、農業保護にはほとんどその効果は認められない」とされる（河田嗣郎 「米価と関税との関係に就て（下）」『経済論叢21巻』56、64ページ）。

また家本氏は観点を異にして、1913～31年の期間を対象とする外米輸入量と関税の関係を統計分析されている。それによると、外米輸入量は内地米産額に最も関係が強く、次いで内地米との値開き、そして関税の順に関係づけられている。

　　いずれも関税が米価や輸入量にさほどの影響を及ぼさなかったことを明らかにしている。

(3) 1912年以来高値安定していた米価が14年には暴落したため、米価調節と農民救済の議論が各方面に起こり法案提出となった。その内容は、政府が必要と認めるときは米の買い入れまたは売り渡しをなすことができるとし、そのための資金手当を決めた簡単なものであった。（太田前掲書210ページ）。しかしその後の各種委員会や米価調節法のはしりと言えるものであった。

(4) 持田『日本の米』106、109ページ。

Ⅳ-2　米穀法施行後
（大正10年～昭和14年、1921～1939年）

　この期の米価政策は従来のどちらかというと応急的な、その時限りのものから、法にもとづく体系的、恒常的なものに変化したことで時代を画するものであった。

1. 米穀法

　1921年米穀法が施行された。同時に米穀需給調節特別会計が設けられた。また運用の諮問機関として米穀委員会が発足した。米穀法は当初は1918年の米騒動前後の期間に見られた米価の高騰に対する値下げ安定をねらったものであったが、その後の昭和恐慌、農業恐慌と事態の深刻化につれて、米価維持機能を強めていくことになった。

　同法の基本は最初の2カ条であるが、第一条で、政府は米の需給を調節するため必要な場合、米の買い入れ、売り渡し、貯蔵などができるとし、第二条で、関税の減免、輸出入の制限が勅令でできる旨を定めている。これにより、米価の騰落に応じて関税政策は機敏に対応できるようになった。米穀法はその後の状況の変化に応じて三度の改正を重ねるが、改正の要点と理由は以下のとおりである。

①1925年の第一次改正では、「米穀の需給の調節」が、「米穀の数量または市価を調節する」に改められた。もともとは需給の調節によって米価の調節が可能であると考えられていた。しかし運用面において需給の調節が前面に出て、価格の調節が軽視される場合があっ

た(1)。そのため市価の調節が明記された。

②1931年の第二次改正では、政府の買い入れ、売り渡しが政府の告示する最低、最高価格によって実施されることになった。そして最低、最高価格は米穀生産費、家計費、米価指数の物価指数に対する割合の趨勢により算出した価格と規定された。しかし附則において、生産費、家計費調査が整備されるまでは当分の間率勢米価方式によるとした。率勢米価は基準年次以降の物価及び米価の趨勢をともに反映する平均米価として算出し、その上下それぞれ20%の範囲内の価格を最高、最低価格として告示した(2)。従来の運用では政府が必要と認めるとき、時価によって実施していた。それでは運用、効果ともにあいまいとなりがちなので、客観的な一定の枠を設定した画期的な改正であった。

③翌1932年の第三次改正では、1933年末までの暫定措置として最低価格は米穀生産費によるとした。また朝鮮米、台湾米の移入急増に対して、月別出回り量を平均化するために政府が売買などできるとした。改正の理由は1931年以来の最低価格が常に市価を下回り、満足な買い入れができなくなったからである。

　下表は米穀法による需給、市価調節のための政府売

買の実績である。

米穀法による需給、市価調節のための政府売買の実績

(単位　万トン、円／60kg)

年区分	買入	売渡	総供給量	平均米価	政府最低平均米価	政府最高平均米価
1921	5.4		1,014	30.79		
1922			930	35.14		
1923	5.55	3.9	992	32.76		
1924	15.45	3.0	964	38.58		
1925		1.05	1,010	41.61		
1926			1,031	37.86		
1927	26.1		1,004	35.26		
1928			1,085	31.03		
1929	15.45		1,030	29.07		
1930	30.3		1,013	25.60		
1931	30.75		1,145	18.47	17.30	25.90
1932	3.15		992	21.17	18.92	27.00

(注) 桜井前掲書107ページ及び末尾付表より作成

　以上で見ると、この米穀法の時期政府買入の最高は31万トン弱と量的にも少なく、平均米価に対する価格維持機能は必ずしも明らかでない。1928年以来の米価の下落は金融恐慌に始まる不況の影響が大きく、特に1931年には内地米の大豊作が重なって暴落となった。また1931、32年には最低米価が足枷<ruby>足枷<rt>あしかせ</rt></ruby>となって米価の低落にもかかわらず、政府買入は伸びずこれが1933年の米穀統制法の制定につながるのである。

しかし値開き率を見ると、この期間の平均は24%となっており以前よりかなり縮小している。また15万トン以上の政府買い入れのあった5年間平均は22.1%とさらに縮小している。後に続く米穀統制法時代の値開き率縮小を考え合わせると、米穀法による政府買い入れは値開き率に関しては効果があった。

2. 米穀統制法

1933年、米穀法に代わって米穀統制法が施行された。同法では米価政策は一段と強化された。すなわち政府は最低価格または最高価格を維持するため、最低価格、最高価格による売り渡し、買い入れの申し込みに応じて米穀の買い入れまたは売り渡しをなすとされ、申し込みに対しては無制限の買い入れ、売り渡しを行うことになった。また最低価格、最高価格は、米穀生産費、家計費その他の経済事情を参酌して決めるとされた。

具体的には最低米価は生産費と率勢米価の下値10～20%を参酌して決定し、最高米価は家計費と率勢米価の上値30～20%を参酌して決定した。下表は米穀統制法による需給、市価調節のための政府売買の実

績である。

米穀統制法による需給、市価調節のための政府売買の実績

(単位 万トン、円／60kg)

年区分	買入	売渡	総供給量	平均米価	政府最低 平均米価	政府最高 平均米価
1933	31.95	6.45	1,088	21.62	22.29	30.04
1934	151.65	13.95	1,262	26.11	23.80	31.00
1935		9.45	961	29.87	24.55	32.35
1936		14.55	1,067	30.69	24.85	33.55
1937			1,178	32.36	26.10	34.65
1938	60.45	3.15	1,215	34.27	28.60	35.40
1939		29.70	1,124	37.29	31.20	38.80

（注）桜井前掲書139ページ末尾付表より作成

　これで見ると、政府買い入れが行われたのはいずれも内地米の豊作の年であった。そのためかなり大量の政府買い入れが実施され、米価はむしろ上昇した。それにはこの頃から日本も満州事変を端緒とする戦時体制が徐々に強化され、物価、米価ともに上昇基調に移ったことも見逃せない。

　この期間の値開き率は14.2％で、米穀法時代より大幅に縮小している。前記の事情があったとは言え、米穀統制法の最低、最高米価による無制限買い入れ、売り渡しの米価調節力は大きかった。

3. 関税政策

この期間の外米関税の推移は次の表のとおりである。

関税推移表（円／60kg当たり）

期間	税額	備考
1920.11.1 ～21.11.21	1.0	米価年初の54円台から下落を続け32円台へ。そのため無税から1円へ復活
1921.11.22 ～22.10.31	0	8月から米価高騰、39円台へ。
1922.11.1 ～23.9.11	1.0	年央の40円台から30円弱に下落
1923.9.12 ～24.7.31	0	年初からじりじりと上昇、35円台へ。
1924.8.1 ～25.1.25	1.0	37円台で米価安定、関税復活
1925.1.26 ～25.10.31	0	米価24年年末に再び高騰
1925.11.1 ～27.2.13	1.0	年央の45円台から40円台へ下落
1927.2.14 ～27.8.12	0	米価年初より上昇
1927.8.13 ～30.11.19	1.0	年央より米価下落傾向
1930.11.20 ～	2.0	米価低迷を続け18円台へ、関税2円へ。

（注）硲前掲書207～208ページ。備考欄は筆者記入

この時期の関税は米穀法、米穀統制法の規定によって、米の需給、市価調節のため必要な場合は随時変更され、機動的に運用された。しかしすでに見たように輸入関税の内地産米価に及ぼす影響はほとんどなく、そのうえ移入米の大量の増加のため外米の輸入自体が減少していったので、輸入関税の内地米米価に及ぼす影響はさらに小さくなった。

4. 移入米の急増対策

　1933年頃から移入米の急増により内地米への圧迫が問題となり、対策が講じられたが、それらについて簡単に触れる。

①1933年には同年産米の豊作が予想されたため、政府は臨時米穀作付け減少案を準備したが、事前に政治問題化して実施されなかった。

②1934年には、朝鮮米、台湾米の移入数量調節のため、政府がその買い入れを実施できるとする臨時米穀移入調節法が時限立法として成立したが、1934年秋の内地産米が凶作のため実施されなかった。

③1936年、米穀自治管理法が成立した。内地、朝鮮、台湾において政府の指示により過剰米を一定期間貯蔵させようとするものであった。しかしこれも一度も発動されることはなかった。

　これらはすべて米の過剰対策、米価維持のための立法ないしはその準備であった。しかし1935、36年の内地米の不作、1939年の朝鮮の凶作、さらには37年の日中戦争勃発にともなう戦時備蓄の強化などで、米の需給関係が逆転したため実施されることがなかったのである。

(1) たとえば1921、23年の政府買い入れは、いずれも米価低落時には実施されず、その後の需給推算の確定をもって実施された（大豆生田前掲書198ページ）。

(2) この上下20％の根拠は、1901 〜 29年の値開き率の平均が約18％であったこと及び現実の相場の動きから決定された（硲前掲書262ページ）。

米関係主要政策他（自給自足の時期　1868 〜 1902 年）

年区分		総供給量	平均米価	主要政策他
西暦	年号	万トン	円	
1868	M1		5.98	蔵匿禁止、不正取引戒告など米価統制令
1869	2		9.02	不作、輸入米買い上げ
1870	3		9.20	豊作、後半米価下落
1871	4		5.63	米輸出解禁、田畑勝手作解禁、廃藩置県
1872	5		3.88	幕府、旧藩の貯蔵米など払下げで米価下落
1873	6		4.80	地租改正条例
1874	7	359	7.28	米の輸出禁止
1875	8	389	7.28	同上解禁、貯蓄米条例
1876	9		5.01	米輸出、預かり米制度、14カ所に取引所設置
1877	10	365	5.55	地租軽減、西南の役、紙幣乱発
1878	11	387	6.48	駒場農学校開校
1879	12	378	8.01	物価騰貴
1880	13	476	10.84	米価高騰で定期米売買禁止、備荒儲蓄法
1881	14	472	11.20	農商務省設置
1882	15	446	8.93	松方デフレ
1883	16	458	6.26	
1884	17	451	5.14	恐慌
1885	18	407	6.53	小作慣行調査
1886	19	502	5.60	
1887	20	553	5.00	大日本人造肥料会社設立
1888	21	582	4.93	市町村制実施
1889	22	556	6.00	預かり米制度廃止、帝国憲法発布
1890	23	521	8.94	水利組合条例、国会開設

1891	24	641	7.04	
1893	26	617	7.38	
1894	27	572	8.83	米価高騰で立会停止、日清戦争(1894〜95)
1895	28	626	8.89	同　上、台湾領有
1896	29	598	9.65	同　上　(堂島市場)
1897	30	563	11.98	米価高騰で立会停止、金本位制確立
1898	31	572	14.77	外米代用制認可、立会停止、戦後恐慌
1899	32	701	9.99	
1900	33	607	11.93	産業組合法
1901	34	636	12.22	米価高騰で立会停止、金融恐慌
1902	35	715	12.66	

米関係主要政策他（輸移入が常態となった時期　1903〜20年）

年区分		総供給量	平均米価	主要政策他
西暦	年号	万トン	円	
1903	明治36	633	14.42	
1904	37	780	13.22	日露戦争（1904〜05）
1905	38	852	12.85	米・籾に輸入関税
1906	39	622	14.72	米価高騰で立会停止
1907	40	739	16.48	
1908	41	779	15.94	戦後恐慌
1909	42	811	13.14	
1910	43	804	13.27	日韓併合
1911	44	737	17.35	米価高騰で立会停止
1912	大正1	815	20.96	同　上、帝国農会設立
1913	2	817	21.33	朝鮮米移入税廃止
1914	3	813	6.13	米価調節法案上程（未了）、第一次世界大戦（1914〜8）
1915	4	891	13.08	米価調節令、米価調節調査会設置
1916	5	862	13.76	
1917	6	898	20.34	農業倉庫法、暴利取締令
1918	7	910	32.75	米騒動、外米管理令、穀物収用令
1919	8	958	45.99	開墾助成法
1920	9	955	44.63	第一次朝鮮産米増殖計画、戦後恐慌

米関係主要政策他（米穀法施行後　1921～39年）

年 区 分		総供給量	平均米価	主要政他
西暦	年号	万トン	円	
1921	大正10	1014	30.79	米穀法、米穀委員会設置
1922	11	930	35.14	
1923	12	992	32.76	関東大震災
1924	13	964	38.58	
1925	14	1010	41.61	米穀法一次改正、台湾で蓬莱米生産農商務省が農林省と商工省に分離
1926	昭和1	1031	37.86	第二次朝鮮産米増殖計画
1927	2	1004	35.26	金融恐慌
1928	3	1085	31.03	米価高騰で立会中止
1929	4	1030	29.07	米穀調査会設置、世界恐慌
1930	5	1013	25.60	金解禁、昭和恐慌、農業恐慌
1931	6	1145	18.47	米穀法二次改正、満州事変（1931～32）、金輸出再禁止
1932	7	992	21.17	米穀法三次改正、満州国成立
1933	8	1088	21.62	米穀統制法
1934	9	1262	26.11	臨時米穀移入調節法（発動なし）
1935	10	961	29.87	
1936	11	1067	30.69	米穀自治管理法
1937	12	1178	32.36	米穀応急措置法、日中戦争（1937～45）
1938	13	1215	34.27	国家総動員法
1939	14	1124	37.29	米穀配給統制法

（注）参考文献
中沢弁次郎『日本米価変動史』
太田嘉作『明治大正昭和米価政策史』
近藤康男『日本農業論下』
守田志郎『米の百年』他

V．むすび

　明治以来の米の需給と価格との関連及びそれと米価政策との関連を、米穀法以前と以後、さらに米穀法以前を明治初期から1902年までの内地米の自給時代、内地米自給が崩れ外米の輸入が決定的となった1903年から米穀法成立前の1920年までに区分して見てきた。終わりにそれぞれの期間の比較を通じて、その特徴と政策効果を総括する。

　上記の三区分の供給量と米価の推移は下表のとおり

米の供給量、米価などの推移

区　　　分	1877 〜 79年	1900 〜 02年	1918 〜 20年	1937 〜 39年
内地生産量（万トン）	383 （100）	640 （167）	851 （222）	998 （261）
総供給量	377 （100）	653 （173）	941 （250）	1,172 （311）
内地生産自給率（％）	101.6	98.0	90.4	85.2
人口（万人）	3,626 （100）	4,460 （123）	5,529 （152）	7,167 （198）
一人当総供給量（kg）	104 （100）	146 （140）	169 （163）	166 （160）
平均米価（円）	6.68 （100）	12.27 （184）	41.12 （616）	34.64 （519）
対同上値開き率（％）	23.6 （100）	22.3 （94）	54.0 （229）	12.9 （55）

（注）1918 〜 20年以降の一人当たり総供給量は一人当たり消費量を示す。

である。

これで見ると、1877年から1939年の63年間に内地生産量が2.6倍に、総供給量が3.1倍に伸びた。この間に人口が約2倍に、一人当たり消費量が104キロから166キロと1.6倍に増加し、総供給量の伸びを消化したことになる。同じく平均米価は物価上昇の影響を受けて5.2倍に達し、値開き率は大きく縮小した。以下に第Ⅲ節の分析の順序にしたがって各期の推移の比較検討を行う。

Ⅴ-1　内地生産量と総供給量

1900年頃までは内地生産はほぼ自給自足の状態であり、一部余剰米の輸出も行われていた。しかしそれ以後は生産も順調に伸びたものの、人口の増加と都市化の進展によって輸移入が常態となった。全体としての自給率は、米穀法以前の前期平均が99.7%、後期が93.3%、米穀法以後の平均は86%へと激減した。自給率の低下は輸移入への依存度を高め、米の供給、価格の不安定をいっそうもたらすことになった。政府が増産計画を進める一方、米価調節を恒常的に実施しなけ

ればならなかったゆえんである。

V-2　総供給量と平均米価

　米穀法以前の前期については供給の増加、減少がそれぞれ米価の下落、上昇に結びつく需給の法則が顕著に見られた。25年のうち17年が該当する。それが後期になると18年中10年となり、米穀法施行後も19年中10年と米価が需給に関連なく動く傾向が強まっている。この理由としては、物価へのサヤ寄せ、米穀市場の発達、米騒動の影響さらに米穀法以後においては政府の買い入れ、売り渡し介入などの要素が米価に影響を与えたものと考えられる。特に米穀法以後を見ると、米価が需給に関連なく動いた9年のうち8年については、政府の買い入れ、売り渡しが実施されている。

V-3　米価の季節的変動と値開き率

　米価の季節的変動を見ると、最高値月が収穫期前後と端境期前後の数カ月に集中し、最安値が収穫期前後の数カ月に集中する傾向は全期を通じてあまり変わら

ない。

　しかし米価の季節的変動幅を表す値開き率平均を見ると、以下のとおりである。

　　米穀法以前の前期　　　29.6%
　　後期　　　　　　　　　30.3%
　　米穀法以後　　　　　　20.4%（米穀法の時期24%、統
　　　　　　　　　　　　　制法の時期14.2%）
　　全期間平均　　　　　　27.3%

　このように値開き率の縮小、季節的変動の縮小、米価の安定化は、それのみではないにしても米穀法や米穀統制法による効果であった(1)。

V-4　米の輸移出入と米価

　日本は1870年代は輸出超過であった。政府は正貨獲得と米価調節を目的として輸出を奨励した。しかし1890年代からある程度の輸入が恒常的となり、1900年代に入り輸入量は急増した。ここではっきりと米輸入国に転じた。さらに朝鮮、台湾からの移入米が加わ

り、1915年以降は朝鮮米の増加により移入量が輸入量を上回り、一時の例外年を除いて輸入米を次第に駆逐していった。かつて輸移入米は内地米に比して日本人にはなじみにくく、それゆえに内地米との間にはかなりの価格差が存在した。だが朝鮮米については品種改良などの結果、その価格差は1930年では数％に迫り、35年頃には内地米よりも高価なものも現れた。米穀法、米穀統制法は質的に内地米に迫ってきた移入米増加による米の過剰、米価下落に対する対応でもあった。

　米の輸入関税は、まず1905年日露戦費調達のための財政上の必要から制定されたが、1911年からは米価維持を目的とする保護関税の性格を持つようになった。しかし関税は輸移入米の消費者に負担を強いることになったが、内地米価格にはほとんど影響しなかった。

Ⅴ-5　米価と物価水準

　次ページの表は全期を通じての米価と卸売物価の推移である。

米価と卸売物価の推移

区　分	1877〜79年	1900〜02年	1918〜20年	1937〜39年
平均米価（円）	6.68（100）	12.27（184）	41.12（616）	34.64（519）
卸売物価指数	100	176	548	499
実質米価指数	100	105	112	104

　上表で見ると、全期間の流れでは平均米価と卸売物価指数はほぼ平行して推移している。ただ米騒動の前後にかなりの乖離が見られる。これからも当時の米価高騰ぶりがうかがえる。その後米価、物価とも急落し、長い間の低迷期を経て徐々に回復する。しかし1937〜39年の水準は米価、物価ともに1918〜20年の水準に達していない。米騒動時の米価、物価の狂乱ぶりが分かる。しかも物価に比し米価が相対的にかなり高くなっていたことが分かる。このような例外を除けば、長期的には米価と物価の相関関係が強いことが明らかとなった。

　以上、全期間を通じて①米の供給と価格の関連、②それと米価政策との関連、③米価政策の効果を見てきた。その結果、米穀法、米穀統制法の効果もある程度数字的に裏づけられた(2)。

米穀法以前の米価政策は米作の豊作、不作、それに
ともなう米価の高騰、下落に応じて適宜実施されるの
が基本的な政府の姿勢であった。1918年前後の米騒
動対策などもそれであった。明治初期には貯蓄米条例
の制定や常平局の設置（1878年）など米価調節策の
萌芽も見られたが、いずれも財政難などの理由で短期
間に廃止された。また明治中期からは工業化の推進に
政策の重点が置かれ、農業政策は後手に回されるきら
いもあった。

　しかし第一次大戦前後の世界的な食糧事情の緊迫時
代を迎えて食糧自給の必要性が認識され、増産政策が
打ち出された。さらに米騒動で政府は米価調節の必要
に迫られ、米穀法の成立となったのである。

　米穀法は10年余の試行錯誤を経て三度の改正を重
ねた後、より強い調節機能を持つ米穀統制法に生まれ
変わった。米価も物価の一翼を担うものであり、物価
の動きと深い関連を持ち、また財政上の制約もあって
政府の調節にも限界があったのは事実である(3)。し
かし米穀法施行以来、米価の高乱下も比較的安定し、
季節的変動、値開き率も縮小に転じた。

　結論としては、米価は短期的には総供給量によって、

中長期的には物価水準、生産費の修正作用を受けて動いてきた。そして米価政策も米穀法制定以来、米の需給調節、価格調節へと変化し、米価の平準化、安定化に一定の効果を発揮した。しかし一方では、自由経済の枠組みのなかでの政策であり、また財政上の制約も常につきまとったため、その効果に限界のあることも避けられなかった。

　農民、消費者の立場、国民の生産、所得、生活、さらにそれを取り巻く国際環境などが、国民経済全体に占める位置は現在と過去とは異なり、またこれからも変化していく。要は時代に即したこれらのバランスのとれた位置づけと、それにふさわしい米価政策が今後の課題となるべきである。

　最後に筆者は、今後も米の生産性の向上、自由な流通市場を前提として、政府の時宜を得た機動的な米価政策は必要と考える。食糧の安全保障、予想される将来の世界的な食糧不足を考えると、一定量の米生産は必要であり、そのためには米の供給と価格の安定が必須の条件である。

（1）桜井氏は「値開きの縮小は米穀法の力のみでなく、一

般物価の動向、米生産力、技術の発達、米の出回り状況の変化、消費者の購買力の変化などの要因もあろう」と述べておられる（桜井前掲書108ページ）。しかし米穀法の存在がそれらの諸要因に働きかけた面もあろう。

(2) 米穀法、米穀統制法については、その限界を認めながらも一定の効果があったことは広く承認されている。以下に若干の見解を紹介する。

①八木氏は「米穀法のもとにおいては、米価は年々の変動の幅は縮小した。これは米穀法の効果のみに帰することはできないが、米穀法が相当の効果をおよぼしたことは認めるべきである」とされる。一方、「米価が新穀出回り期に低く、端境期に向かって上昇する季節的変動に対してはなんらの効果も認められない」とされる（八木前掲書540〜543ページ）。しかし、季節的変動の幅は縮小したのであって、季節的変動に関する氏の見解には賛成できない。

②鈴木直二氏は「もしも米穀法の制定が遅れて米価政策が依然、自由放任の臨機的対策のまま放置されていたとしたら、……さながら大正7年の米騒動と同様な事件が農村から、今度は不足する米からでなく、大量

の過剰米からする騒擾事件が発生したかもしれない」
として、米穀法を日本資本主義発展の中で成立した米
穀政策の近代化、制度的恒常化の施策として高く評価
しておられる（鈴木直二『米穀流通経済の研究』192
ページ）。筆者も氏の米価政策に対する積極的な評価
には賛成である。

③鈴木博氏は「米穀法、米穀統制法で最低、最高価格
の規定が設けられて以来、年々の値開き率は縮小し、
また長期的な変動もこの最高、最低価格の範囲内で抑
えられ、著しい低落は見られなくなった。そしてこれ
らは米穀流通における投機性をしだいに排除した」と
述べておられる（鈴木博前掲論文31〜32ページ）。

(3) 米穀法時代（1921〜33年）の13年間の米穀需給調節
特別会計の損失は2億4000万円近くに達した。特に
1926年以降は毎年農林省予算の20〜50％程度の規模
の損失を出した（農林水産省資料「米管理制度の変遷
と現状」）。また米穀統制法時代（1933年公布、1942年
廃止）の4年間のそれは、3億800万円にも達した（農
林水産省資料「食管法制定前の米管理制度の推移」）。
この損失について桜井氏は次のとおり述べておられる。
「買入れた米の高値売却の機会があれば問題はないが、

実際には調節のための売渡機会は少なく、買上げた米の金利、保管料に加えて、整理売却の形で安く売らざるを得ない場合も多かったことによる」（桜井前掲書109ページ）。この損失は一般会計で補填するほかはなく、政府にとってはかなりの負担となったのである。

米関係の主要指標表

西暦	年号	内地生産量 万トン	輸移入量 万トン	輸移出量 万トン	総供給量 万トン	繰越量 万トン	1人当消費量 kg	平均米価 150kg/円	最低~最高値 円	同左値開き 円	対平均米価値開き率 %	卸売物価指数 明治元年100	内地人口 万人
1868	明1		1					5.98	3.70~7.90	4.20	70.2	100	
1869	2		10					9.02	7.40~10.70	3.30	36.6	122	
1870	3		32					9.20	7.20~10.60	3.40	37.0	127	
1871	4		3					5.63	3.90~7.30	3.40	60.4	126	
1872	5			6				3.88	3.60~4.20	0.60	15.5	138	
1873	6			13				4.80	3.60~6.10	2.50	52.1	139	3,504
1874	7	360		1	359		102	7.28	5.60~8.20	2.60	35.7	143	3,521
1875	8	389			389		110	7.28	5.70~8.00	2.30	31.6	146	3,540
1876	9			3				5.01	4.40~5.60	1.20	24.0	152	3,567
1877	10	371		7	365		101	5.55	5.10~6.20	1.10	19.8	137	3,598
1878	11	399		12	387		107	6.48	5.60~7.40	1.80	27.8	141	3,627
1879	12	379	1	2	378		104	8.01	7.15~9.00	1.85	23.1	145	3,653
1880	13	475	1		476		129	10.84	8.40~12.50	4.10	37.8	152	3,676
1881	14	471	1		472		127	11.20	10.20~12.10	1.90	17.0	156	3,707
1882	15	450		4	446		119	8.93	7.10~10.50	3.40	38.1	146	3,737
1883	16	460		3	458		121	6.26	4.60~7.25	2.65	42.3	136	3,771
1884	17	458		7	451		119	5.14	4.35~6.10	1.75	34.0	127	3,809
1885	18	407	2	2	407		106	6.53	6.00~7.60	1.60	24.5	132	3,840
1886	19	511		8	502		130	5.60	5.10~5.85	0.75	13.4	134	3,861
1887	20	558		5	553		142	5.00	4.80~5.10	0.30	6.0	142	3,882

西暦	年号	内地生産量 万トン	輸移入量 万トン	輸移出量 万トン	総供給量 万トン	繰越量 万トン	1人当消費量 kg	平均米価 150kg/円	最低~最高値 円	同左値開き 円	対平均米価値開き率 %	卸売物価指数 明治元年100	内地人口 万人
1888	明21	600		18	582		149	4.93	4.56~5.49	0.93	18.9	149	3,919
1889	22	580		24	556		140	6.00	4.73~8.07	3.30	55.7	156	3,963
1890	23	495	27	2	521		130	8.94	7.47~10.85	3.38	37.8	164	4,003
1891	24	646	9	13	641		159	7.04	6.29~7.44	1.15	16.3	152	4,035
1892	25	573	6	7	572		141	7.24	7.03~7.57	0.50	6.9	160	4,064
1893	26	621	6	10	617		151	7.38	6.81~8.15	1.34	18.2	166	4,097
1894	27	559	20	8	572		138	8.83	7.56~10.12	2.56	29.0	176	4,129
1895	28	628	12	13	626		150	8.89	8.30~9.51	1.21	13.6	189	4,171
1896	29	599	8	9	598		142	9.65	9.03~10.60	1.57	16.3	204	4,214
1897	30	544	31	11	563		132	11.98	10.17~13.91	3.74	31.2	224	4,258
1898	31	496	80	3	572		133	14.97	9.88~16.92	7.04	47.0	237	4,308
1899	32	711	6	16	701		161	9.99	9.04~12.05	3.01	30.1	239	4,357
1900	33	595	16	6	607		138	11.93	11.30~12.70	1.40	11.7	255	4,404
1901	34	622	22	8	636		143	12.22	11.06~14.24	3.18	26.0	244	4,458
1902	35	704	21	11	715		158	12.66	10.64~14.35	3.71	29.3	247	4,518
1903	36	554	84	5	633		138	14.42	12.59~15.57	2.98	20.8	262	4,577
1904	37	697	89	6	780		168	13.22	12.53~13.98	1.45	11.0	276	4,632
1905	38	771	84	3	852		182	12.85	11.95~14.46	2.51	19.5	296	4,679
1906	39	573	53	4	622		131	14.72	14.02~15.71	1.69	11.5	305	4,729
1907	40	695	49	4	739		155	16.48	15.53~17.82	2.29	13.9	329	4,783
1908	41	736	47	3	779		162	15.94	13.89~17.20	3.31	20.8	317	4,819

年区分		内地生産量	輸移入量	輸移出量	総供給量	繰越量	1人当消費量	平均米価	最低～最高値	同左値開き	対平均米価開き率	卸売物価指数	内地人口
西暦	年号	万トン	万トン	万トン	万トン	万トン	kg	150kg/円	円	円	%	明治元年100	万人
1909	42	779	38	5	811		166	13.14	11.17～14.22	3.05	23.2	303	4,879
1910	43	787	26	9	804		163	13.27	11.21～15.52	4.31	32.5	306	4,943
1911	44	699	44	6	737		147	17.35	15.10～20.01	4.91	28.3	318	5,012
1912	大1	776	43	4	815	45	160	20.96	18.15～23.29	5.14	24.5	336	5,085
1913	2	753	69	5	817	88	159	21.33	20.01～22.55	2.54	11.9	337	5,158
1914	3	754	65	6	813	94	147	16.13	12.20～10.33	7.13	44.2	322	5,231
1915	4	855	47	11	891	87	167	13.08	11.31～14.42	3.11	23.8	326	5,304
1916	5	839	36	13	862	67	162	13.76	12.71～16.70	3.99	29.0	394	5,375
1917	6	877	38	17	898	35	169	20.34	15.81～29.93	14.12	69.4	495	5,438
1918	7	819	98	7	910	62	171	32.75	24.03～44.41	20.38	62.2	649	5,489
1919	8	821	142	5	958	83	169	45.99	37.16～53.80	16.64	36.2	795	5,524
1920	9	912	46	3	955	122	168	44.63	26.31～54.63	28.32	63.5	874	5,575
1921	10	948	71	5	1,014	110	173	30.79	25.52～39.64	14.12	45.9	675	5,641
1922	11	828	115	13	930	102	165	35.14	27.33～40.64	13.31	37.9	660	5,712
1923	12	910	93	11	992	78	172	32.76	27.78～35.28	7.50	22.9	671	5,787
1924	13	832	143	11	964	80	168	38.58	35.98～41.99	6.01	15.6	692	5,862
1925	14	858	181	29	1,010	90	169	41.61	37.45～45.21	7.76	18.6	680	5,943
1926	昭1	896	143	8	1,031	86	170	37.86	34.41～40.22	5.81	15.3	603	6,035
1927	2	834	190	20	1,004	118	164	35.26	31.08～37.25	6.17	17.5	572	6,133
1928	3	932	168	15	1,085	105	169	31.03	28.56～33.37	4.81	15.5	576	6,225
1929	4	905	133	8	1,030		165	29.07	27.85～31.16	3.31	11.4	560	6,316

年区分		内地生産量	輸移入量	輸移出量	総供給量	繰越量	1人当消費量	平均米価	最低～最高値	同左値開き	対平均米価値開き率	卸売物価指数	内地人口
西暦	年号	万トン	万トン	万トン	万トン	万トン	量kg	150kg/円	円	円	%	明治元年100	万人
1930	5	893	129	9	1,013	86	161	25.60	18.04～30.53	12.49	48.8	461	6,405
1931	6	1,003	172	30	1,145	137	168	18.47	17.42～20.58	3.16	17.1	390	6,499
1932	7	828	174	10	992	134	152	21.17	18.38～22.91	4.53	21.4	432	6,590
1933	8	906	191	9	1,088	135	162	21.62	20.67～23.43	2.76	12.8	495	6,692
1934	9	1,062	214	14	1,262	246	170	26.11	22.69～30.30	7.61	29.1	505	6,781
1935	10	778	195	12	961	149	154	29.87	29.01～31.66	2.56	8.6	518	6,901
1936	11	862	213	8	1,067	120	157	30.69	29.43～32.51	3.08	10.0	540	7,002
1937	12	1,010	178	10	1,178	113	167	32.36	30.10～33.38	3.28	10.1	655	7,098
1938	13	995	229	9	1,215	127	167	34.27	33.12～35.34	2.22	6.5	691	7,180
1939	14	988	147	11	1,124	61	165	37.29	35.11～43.30	8.19	22.0	764	7,222

(注) 1. 内地生産量は前年秋の収穫量、その他は当該暦年内の量を表し、いずれも玄米ベース

2. 一人当り消費量は1913年までは一人当り総供給量

3. 米価は東京深川の正米市価で、内地玄米の中米標準相場

4. 平均米価は標準年平均米価格、日別価格の単純算術平均から月別価格を算出し、毎月の価格の単純算術平均から求めたもの。

5. 卸売物価指数は「日本銀行」調査による東京卸売物価指数

(出典) 1. 内地生産量、輸移入量、輸移出量、繰越量、1人当り消費量は、農林省米穀部「内地に於ける米穀需給統計表」1939年

2. 平均米価、最低～最高値は、1868～1911年分は朝日新聞社「日本経済統計総覧」1930年より、1912～1939年分は農林省「米麦摘要・米麦関係法規」1941年より。

3. 卸売物価指数は、日本統計研究所「我国における主要物価の変遷」1955年

4. 内地人口は、総理府統計局「総理府統計局100年史資料集成」1984年

（参考文献）

アジア経済研究所編『日本農業100年』1969　農林統計協会

安達生恒『飽食のなかの食糧危機』1983　ダイヤモンド社

飯沼二郎『日本農業の再発見―歴史と風土から』1975　NHK
　　出版

井上周八『日本資本主義の米価問題』1969　亜紀書房

今村奈良臣『国際化時代の日本農業―車座になって経済革新
　　を考える』1988　農山漁村文化協会

今村奈良民編著『転機にたつ食管制度』1980　家の光協会

今村幸生編著『現代食料経済論』1988　ミネルヴァ書房

大島　清『食料と農業を考える』1981　岩波書店

太田嘉作『明治大正昭和米価政策史』1977　国書刊行会

大豆生田稔『近代日本の食糧政策―対外依存米穀供給構造の
　　変容』1993　ミネルヴァ書房

河合悦三『農業問題入門』1953　岩波書店

河相一成『食糧政策と食管制度』1987　農山漁村文化協会

川東靱弘『戦前日本の米価政策史研究』1990　ミネルヴァ書
　　房

佐伯尚美『食管制度―変質と再編』1987　東京大学出版会

桜井　誠『米 その政策と運動』（上、中、下①、下②）1989
　　農山漁村文化協会

食糧管理制度研究会編著『食糧管理法の解説』1978　大成出版社

食糧庁『日本食糧政策史の研究』1986　御茶の水書房

食糧問題国民会議編『コメ政策の転機―国民の食糧白書』1987　亜紀書房

鈴木直二『米穀流通経済の研究』1975　成文堂

祖田 修『コメを考える』1989　岩波書店

土門 剛『コメ開放決断の日―徹底検証　食管・農協・新政策』1993　日本経済新聞出版

中沢弁次郎『日本米価変動史』1965　柏書房

農業発達史調査会『日本農業発達史10巻 明治以降における日本発達史年表』1978　中央公論社

農林水産省『食管法制定前の米管理制度の推移』1987

農林統計協会編『農業白書』（平成5年度）1994　農林統計協会

農林統計協会編『平成5年度農業白書附属統計表』1994　農林統計協会

農林統計協会編『平成8年度農業白書附属統計表』1997　農林統計協会

硲 正夫『米価問題―米価の歴史』1958　弘文堂

荷見 安『食糧政策資料集成』1957　日本食糧協会

馬場啓之助編『日本農業読本』1986　東洋経済新報社

土方成美『米価変動と景気変動』1938　日本学術振興会

本庄栄治郎編『明治米価調節史料』1970　清文堂出版

松田延一『日本食糧政策史の研究　第一巻』1951　食糧庁

三島徳三『食糧・農業問題全集〈14-B〉流通「自由化」と食
　管制度』1988　農山漁村文化協会

宮崎隆典『環太平洋コメ戦争―世界のコメがやってきた』
　1994　集英社

持田恵三『米穀市場の展開過程』1970　東京大学出版会

持田恵三『日本の米―風土・歴史・生活』1990　筑摩書房

守田志郎『米の百年』1966　御茶の水書房

八木芳之助『米価及び米価統制問題』1932　有斐閣

山崎隆三編『現代日本経済史』1985　有斐閣

唯是康彦『日本の食糧経済』1988　日本放送出版協会

吉田俊幸『米の流通―「自由化」時代の構造変動』1990　農
　山漁村文化協会

朝日新聞社『日本経済統計総観』1930

総理府統計局編『総理府統計局百年史資料集成』1984

総理府統計局帝国農会『帝国農会米生産費調査集成　大正11
　年～昭和23年』1948

日本統計協会編『日本長期統計総覧』1988　日本統計協会

日本統計研究所編『我国における主要物価指数の変遷』1955

日本評論社

農林省米穀部『内地に於ける米穀需給統計表』1939

農林省米穀部『米麦摘要・米麦関係法規』1941

農林省米穀部『米穀要覧』1933、1941

（参考論文）

家本秀太郎「米穀の需給と米價との関係」『国民経済雑誌』55
　巻4号1933年

猪間驥一「米の収穫高と価格との関係」『経済学論集』3巻2
　号1924年

河田嗣郎「米価の高低と一般物価の高低」『経済論叢』9巻3
　号1919年

河田嗣郎「米価と関税との関係について上下」『経済論叢』20
　巻6号、21巻1号1925年

木下茂「米価変動の統計的研究一、二」『国民経済雑誌』45巻
　1号、2号1928年

車恒吉「米価変動の研究」『帝国農会報』17巻4号1927年

鈴木博「戦前の米の流通機構について」『農林金融』15巻11
　号1962年

高田保馬「米の豊凶と米価」『経済論叢』1巻2号1915年

田辺勝正「日本米価対策史」『拓殖大学論集』73号1970年

西沢基一「米価問題の本質と米穀法」『大日本米穀会25周年記念論文集』1931年

荷見安「現時の米穀事情と米穀政策」『米穀日本』2巻12号1936年

土方成美「米価変動と景気変動」『経済学論集』7巻2号1937年

堀口健治「食管改革のねらいと新しいコメ生産・流通システム」『農業と経済』1995年1月号

守田志郎「戦前の米の流通問題」『農林金融』21巻7号1968年

八木芳之助「米穀の需要について」『経済論叢』32巻1号1931年

八木芳之助「米穀対策の帰趨」『農業と経済』1巻8号1934年

著者プロフィール

福永 幸雄（ふくなが ゆきお）

昭和6年（1931年） 兵庫県神崎郡香呂村（現・姫路市）に生まれる。
昭和33年（1958年） 神戸大学経済学部卒業。姫路市役所勤務。
昭和36年（1961年） 姫路市役所退職。以後昭和62年（1987年）の定年退職を経て、平成5年（1993年）に雇用期間満了退職まで一般企業数社に勤務。
中小企業診断士、社会保険労務士。
平成9年（1997年） 龍谷大学大学院経済学研究科修士課程修了。

私の忘れられない論文風3物語

2024年2月15日　初版第1刷発行

著　者　福永　幸雄
発行者　瓜谷　綱延
発行所　株式会社文芸社
　　　　〒160-0022　東京都新宿区新宿1-10-1
　　　　　　　　電話 03-5369-3060（代表）
　　　　　　　　　　　03-5369-2299（販売）

印刷所　図書印刷株式会社